グローバルな正義

国境を越えた分配的正義

上原賢司

風行社

〔目　次〕

序章　グローバルな正義論の主問題

——分配的正義の空間的拡大の是非

1　グローバルな正義――現代世界における規範的な問いの探求

私たちは、グローバル化しつつも不平等な世界という現実を生きている。世界中の人びとは、一方で、近年のグローバリゼーションの深化――ヒト、モノ、情報の越境的で迅速な移動による地球のさらなる一体化――の中で生活を営んでいる。そして他方で、世界中の人びとの間には、その生活の質に関する巨大な格差――所得や富、健康や生活環境、教育や高生産性分野への就労の機会といった、価値ある財の享受における不平等――が存在している。たとえば所得分布を取り上げてみても、今ある世界において、最も富裕な所得層（最上位の五％）が世界の所得の三七％を占め、最も貧しい所得層（最下位の五％）はわずか〇・二％以下しか享受していないという（Milanovic 2011: 152 邦訳 一三九頁）。この不平等は、先進諸国における同じ国の市民の間であったならば、およそ考えられず、また許容されえないものであろう。グローバル化と不平等は、今の世界の現実を示す重要な特徴となっている。

もっとも、私たちは、そうした現実をただ自然の産物のごとく受け入れ、黙諾して生きているわけではない。私たちは現実とは別の、理想を抱いて生きてもいる。政治経済的なグローバリゼーションへの懸念や反発を示す言説や運動は、いまや発展途上国の人びとのみならず、先進諸国の人びとにとっても身近な現象となっている。もちろん、そうした理想が、当人のみならず他者にとっても妥当なものであるかどうかは極めて重要である。とはいえ、「～である」という今ある現実を否定し、批判し、改善を試みる際、人びとは何らかの理想を必要とし、そして参照している。

理想にもとづく現実改善の動きもまた、それ自体、いまや世界の現実の一つとなっている。現在のグローバルな取り組みとして代表的なものが、二〇一五年の国連サミットにて採択された「持続可能な開発目標（Sustainable Development Goals: SDGs）」である（UN 2015）。これは、同年までを達成期限として設定され、二一世紀に入って取り組まれてきた「ミレニアム開発目標（Millennium Development Goals: MDGs）」を引き継ぎ、二〇三〇年までに実現を目指すべき世界的なゴールを定めたものである。この中では、次に言及する世界の貧困対策も含め、持続可能なエネルギー確保、気候変動、環境保護といった諸々のグローバル・イシューについての、現実とは違う「あるべき」世界に向けた取り組みがなされようとしており、また現になされてもいる。

グローバルな不平等の改善、世界中の人びとの絶対的貧困の根絶も、そうしたグローバルな理想としての目標の一つである。一七あるうちのＳＤＧｓの第一目標では、世界中の絶対的貧困（一日あたり購買力平価一・二五ドル未満の生活〔物価変動に合わせて現在は一・九ドル未満に改定〕）の根絶が目標とされ、それとともに、各国で定義された貧困層の半減等も目指されている。これは、絶対的貧困の半減というＭＤＧｓの延長上のものとなっている。それに加えて新たに、ＳＤＧｓの第一〇目標として、国内および各国間の不平等の縮減が掲げられている。そこで、各国の貧困層の所得成長の優先的な促進、差別的な政策の是正と税と社会保障制度の改革による不平等の縮減、グローバルな金融市場や貿易制度の改革、途上国への開発支援のさらなる促進、国外労働者による本国への送金コストの低減等が提言されている。絶対的貧困の根絶のみならず、グローバルな不平等という現実もまた、私たちがすでにその変革を目指すべきものとみなされている。

もちろん、理想としての目標の設定は、その達成ではない。私たちの前には、現実として向き合わなければならない課題が山積している。絶対的貧困やグローバルな（ないしは国内的な）不平等に取り組むにあたっても、その発生原因が何であり、どのようにすればその改善がもたらされるのかといった、経験的に問われるべき課題が多く存在している。つまり、現実を生き、その改善を試みるにあたっては、何よりも当の現実（「～である」）が実のところどうなっているのか、何を意味するのかを把握する必要がある。現実の変革のためには、言うまでもなく実際に行動することも必要不可欠であるが、それとともに、現実の正確な分析や因果関係の説明、そのための比較検討といった知的作業も重要となる。理想と現実との間を架橋し、理想を達成するためには、実践のみならず学問的探究もまたなされなければならない。

そうした取り組むべき学問的な課題は、現実のより適確な把握という経験的な問いだけではない。理想に関する規範的な問いもまた、一つの学問的な課題となりうる。規範的な問いにおいては、たとえば、なぜある理想は私にとって望ましいだけでなく、他者にとっても望ましいものとみなされるべきなのかという問いが立てられ、それに応答しうる根拠の吟味がなされる。そして、望ましいものの実現において私たちは何を他者と互いに負っているのかといった、道徳的な権利や義務の内容とそれらの根拠も問われる。また、私たちが望ましいものとして共有している、自由、平等、正義といった価値について、それらが実のところ何を意味し、どういう理由によって価値づけられているのかの探求がなされる。私たちが、単に現実を甘受するだけの存在ではなく、常に理想を抱きそれを参照して生きる存在であるのならば、そうした理想の中身や根拠の妥当性を問う、規範的な問いも検討されなければならない。

グローバルな正義とは、こうした規範的な問いを、現代世界を舞台としつつ、その政治的な側面（正義／不正義）に特に焦点を当てて検討していく、学問的な営みである。[1] つまり、グローバルな正義とは、国境を越えて構築されている制度やルール、世界中の諸国家の関係や人びとの関わり合い、そこでの慣習などにおける、正義、不正義といったものは何を意味するものだと考えるべきなのか、といったことを探究するものである。この探求の中で、正義に適った世界という理想のありようが描かれ、そのための妥当な根拠が検討され、世界中の人びとが互いに負っているものは何であるのかといった義務が示される。また、現実世界のある事態が不正義として摘示され、そのことによって、人びとに事態の積極的な改善を義務づけるための道徳的な根拠づけがなされる。

私たちがこれから現実に取り組んでいく理想――グローバルな絶対的貧困の根絶と不平等の縮減――はまさに、グローバルな正義の主要な研究対象の一つである。グローバルな正義への諸研究であるグローバルな正義論は、こういった目標に対して、それらの実現のために各国やその市民の「なすべき」道徳的責任や、何が「なされるべきか」をそれぞれの理論的立場から明確にする。それは、どのような意味での貧困が正義の観点からして問題となるのかを明らかにする。そして、世界中の人びとの間のどういった不平等が不正義であり、どういった不平等はそうとはみなせないのかを論じる。そういった参照点としての理想の内容や根拠が不明瞭であったのならば、それだけ、私たちの現実における「なすべき」行動は不明瞭となる。グローバルな正義はまさに、現実の世界を「あるべき」理想に照らして眺めるにあたって、その理想のありようをより明晰にしていこうとする試みであり、その意味で、今ある現実世界の動きと関連している。

2　本書で検討していく問い――グローバルな正義のどの点を論じていくのか

本書は、このグローバルな正義について論じるものであり、この正義についての一つの見解の提示を目指すものである。それにあたって、まず、本書で検討していく問いならびにその問題関心を示していきたい。

グローバルな正義とは、先にも述べたように、国境を越えて成立する正義／不正義とは何かを探求する、一つの学問領域である。それゆえ、グローバルな正義論の検討対象は多様である。K・タンによる最近のテキストでは、グローバルな正義の問題として、世界的貧困、グローバルな経済的不平等、ナショナリズム、国家主権、（ジェンダーや文化の問題を含めた）人権、「正しい戦争」論と人道的介入、移民や分離独立と領有権といった境界線（国境）の問題、気候変動、グローバルなデモクラシーが挙げられている（Tan 2017）。

これらはいずれも、グローバル化しつつ不平等な、現実世界において重要な問題である。だからこそ近年、グローバルな正義は、こうした現実の重要問題に規範的に応答すべく、政治理論の中でも特に精力的に取り組まれている研究分野の一つとなっている。

もっとも、グローバルな正義論の近年の隆盛が、こうした現実の重要問題への関心にのみ由来しているとみなすべきではないだろう。グローバルな正義論は、政治理論の理論内在的な関心から発展してきたと理解することも可能である。というのもグローバルな正義論は、国家の制度やそこに属する成員間の関係性、そこで生じる不平等といったものをもっぱら正義の考慮事項とみなしてきた、これまでの社会正義論の反省に基づいている側面もあるからだ（社会正義論においても様々な正義構想がありうるのだが、本書においては、自由で平等なものとして各人を尊重しそれに依拠して社会正義論を構築していく、リベラリズムによる社会正義論に議論を限定しておく）。つまり、グローバルな正義論とは、国内社会にあくまで焦点を当ててきた従来の社会正義論が沈黙し続けている領域を埋めていこうとする、社会正義論の空間的拡大の営みとしてみることができる。

本書もまた、グローバルな正義をめぐるこうした政治理論内在的な関心から出発する。しかしこのことは、現実の重要問題に無関心であることを意味するものではない。社会正義論の延長としての本書の議論は、先のタンの示した論点でいえば、グローバルな経済的不平等への規範的考察、そこでの国家の役割といったものに特に関連するものとなる。これは、冒頭で示した今ある私たちの理想——グローバルな絶対的貧困の根絶と不平等の縮減——の把握の仕方とも関連する。(2)

以上の問題関心から、本書では次の問いを立てる。それは、「これまで蓄積されてきた社会正義論の見地を踏まえた場合、どのようなグローバルな正義論を構想していくことができるのだろうか」という問いであり、本書ではそれへの一つの応答を提示していく。これは言い換えれば、「国内的な社会正義論（ならびにそこで提示されているいずれかの正義構想）を妥当なものとして肯定するのならば、同じように妥当なものとして受け入れなければならないグローバルな正義論とは何か」という問いへの論証を試みるものである。

3　先行研究との関係性と本書の主張

「グローバルな正義とは何か」を社会正義論の見地から探るこれまでの政治理論における研究は、大きく二つに分類されており、それぞれ異なる正義構想が展開されている。それぞれの呼称は論者によって様々だが、本書では国家主義（statism）とコスモポリタニズムという呼称を用いて、二つの立場を分類していく。

国家主義とは、同一国家の成員間という特定の関係に着目して、そうした関係内で妥当する正義の原理と関係外で妥当する原理とを区別する立場である。国家主義の立場は典型的に、一方で、人びとの間の財の不平等な分配状況、つまり相対的貧困が正義の関心事項となるのは、そうした人びとが特定国家の成員である場合に限られると主張する。そして他方で、この特別な関係が存在しないグローバルな領域においては、人びとの基本的ニーズの充足に関わる最低限の権利保障や、絶対的貧困の根絶などが正義の関心事項となると主張する。つまり、国内社会だけを射程に収める社会正義と世界全体を射程に収めるグローバルな正義とでは、それが国家（内の成員）に適用されるのかどうかという点を分水嶺として大きく内容が異なることになる、という主張を展開するのが国家主義の立場である。

こうした立場の代表的な論者としてあげられるのが、現代リベラリズムの第一人者ともみなされるJ・ロールズである。彼は一方で、その主著である『正義論』（Rawls 1999a）において国内的な社会制度を主題とし、その成員間の不平等を考慮する正義構想を主張していた。ところが他方で、その後の論文「諸人民の法」（Rawls 1993）及び著作『諸人民の法』（Rawls 1999b）において、まったく別内容のグローバルな正義論を展開していくこととなった。リベラル・ナショナリズムの論者としても知られるD・ミラーもまた（彼の議論は制度としての国家よりもその成員としての国民に焦点をあてたものではあるが）、グローバルな正義を、同一国民間で妥当とみなされる正義構想とは別のものとして論じている（D. Miller 2007）。

それに対し、コスモポリタニズムとは、正義が妥当する範囲において国家（ならびにそれに類する具体的制度）の存在をその範囲の限界づけの根拠とみなさない立場である。ある人がどの国家に属しているのかという事実は、その人の生を正義の考慮対象から外すかどうかを左右する要素とはならない。それゆえ、コスモポリタニズムの立場からすれば、特定の国家内で妥当すると想定されている正義はそのまま、グローバルに妥当するとみなされる。そこでは、世界中の人びとの基本的ニーズの充足を求める最低限の権利保障といった（国家主義の論者によっても必ずしも否定されないだろう）主張から、さらに要求度の高い、世界中の人びとの間の財の分配状況を絶えず考慮するようなグローバルな分配的正義までもが主張されることになる。

コスモポリタニズムの立場は、その主張している正義原理の内容やその論拠などからさらに分類していくことも可能だが、国内的な社会正義論からの発展という見地からすれば、その先駆的で代表的な論者としてC・ベイツとT・ポッゲがあげられる（Beitz 1999a; Pogge 1989; Pogge 2008a）。彼らは、ロールズの国内的な社会正義論に立脚する形でグローバルな正義論を論じ、ロールズの論証に沿って、国内的な正義原理がそのままグローバルな正義原理として妥当する、といった主張を展開した。[3] つまり、コスモポリタニズムの立場からすれば、国内社会の成員間の不平等な分配状況を問題化し、これを論難する正義の原理は、そのままグローバルなレベルでも追求されるべきものである。そしてそこから、世界中の人びとの不平等もまたその正義の原理に従って同様に論難されるべき、という結論が導き出されることになる。[4]

これまでグローバルな正義論はもっぱら、こうした国家主義対コスモポリタニズムという対立軸に沿って、そのいずれかの立場から他方を批判するといった形で論争が積み重ねられてきた。[5] その中でも論争の中心点にあったのが、前述のロールズの『諸人民の法』である。彼の議論は、本書で応答を試みる問いへの国家主義的立場からの一つの答えを示すものである。それと同時に、彼の手による『正義論』は、グローバルな正義論としてもその内容は妥当すると主張した、コスモポリタニズムの一つの出発点でもある。ところが当のロールズ本人は、『諸人民の法』の段階においても、国内的な社会正義論としての『正義論』の立場を基本的に固持し続けていたのである。こうした事情を踏まえるならば、これまでのグローバルな正義論は、『諸人民の法』への批判や擁護の積み重ねによって発展してきたとみなすことができる。[6]

本書では、こうした二つの立場から案出されたグローバルな正義論を第一の研究対象とし、その分析を行っていく。そこで、それぞれの立場への批判的検討を通じて、双方の共通する前提から、それぞれの主張する結論とは別のグローバルな正義構想が導き出される、ということを示していく。そこから本書は、先に挙げた問いへの応答として、次の主張を論証していく。グローバルな正義とは、（国家主義の主張とは違って）国内的な社会正義と全く別種の内容を持つものでもないが、（コスモポリタニズムの主張とは違って）国内的な社会正義と全く同質なものということにもならない。グローバルな正義とは、それらの両極端の中間に位置する、独特な領域に関する正義として理解されるべきである。

4　直近の先行研究との関係性と本書の特徴

本書の試みは、国家主義とコスモポリタニズムの両立場を批判し、その中間的なグローバルな正義論を展開していくものである。もっとも、このような試み自体は珍しいものではない。こうした試みは、グローバルな正義論をめぐるより直近の研究の一つの傾向とみなすこともできる（Risse 2012; Ypi 2012; Valentini 2011a; James 2012）。これらの研究に不足している点、いまだ十分に検討されていない点を確認する前に、まずは、本書が国家主義とコスモポリタニズムの両立場を検討していく上で特に着目していく二つの論点（観念）を明示していく。

第一に、本書では、制度的関係における分配的正義という理論前提に特に着目し、それを共有する正義構想に議論を限定していく。特に本書では、分配的正義という用語を、人びとの間の財（特に経済的な財）の分配状況そのものに究極的な関心を寄せ、そこでの正義に関心を寄せる正義構想を意味するものとして用いていく。これは、人びとの間の相対的貧困を考慮事項とする平等主義的な正義構想と、絶対的貧困の根絶を目的とする十分主義的な正義構想といった正義原理の内容に関する区分を用いた場合、前者のみを分配的正義の構想に当てはまるものとして理解していく、ということを意味する。[7] もちろん後者においても、その正義構想に照らして不正な分配状況を正していくよう促すことになるという意味で、財の分配に無関係ではない。つまり十分主義的な正義構想は、その目的に適う限りにおいて、現実世界の相対的貧困にも当然ながら言及する。しかし、そういった最低限のいずれかの財の保障といった要求は、その閾値を越えてもなお生じることになる、財の分配状況に対しての正義／不正義を論じることを第一の目的としているわけではない。この意味で、分配そのものに関心を寄せる正義構想とは一線を画している。この違いを強調する目的から、本書ではあえて、分配的正義という語を特に限定して用いていきたい。

このように議論を限定し、差異を強調するのにはもちろん理由がある。その理由とは、グローバルな正義をめぐる国家主義とコスモポリタニズムとの対立はそもそも、本書で用いる意味での分配的正義のグローバルなレベルにおける妥当性をめぐるものであったというものだ。たとえば、国境を越えた分配的正義という発想に敵対的であり続けたとみなされているロールズの議論も、あくまで平等主義的な分配的正義（格差原理）のグローバルな適用を拒絶したのであって、十分主義的な正義構想に沿う形で現実世界の分配状況が変更される可能性を否定しているものではない。(8) つまるところ、十分主義的な正義の原理については（その内容についての大きな差異は言うまでもなく認められたとしても）、コスモポリタニズムの論者はもちろんのこと、国家主義の立場の論者もその重要性をしっかりと考慮している。(9) そのため、十分主義的な正義構想を分配的正義としてひとまとめに捉えてしまうことは、グローバルな正義をめぐる対立軸をかえって見えにくくしてしまうか、グローバルな分配的正義を拒否するという国家主義の主張を、グローバルな十分主義的正義までも否定していると理解してしまうことで矮小化することになってしまう。(10)

次に、制度的関係という点について。本書ではこの用語で、人びとの間を結ぶ実際の恒常的な関係性（制度・ルールの共用）を指すこととする。そして本書では、そうした関係性を所与とすることではじめて分配的正義という課題が生じることになる、という立場の正義構想に、研究対象を限定していく。これは、近年の政治理論の文脈において、人びとの前制度的な性質（たとえば人間本性）のみを根拠として正義を構築していく非関係論的な正義構想に対して、関係論的な正義構想と呼ばれる立場に相当する。(11) つまり制度的関係における分配的正義とは、制度的関係によって生じる財に対して、その関係性によって結ばれている人びとの間での当の財の分配状況への関心から、その分配状況を直接の考慮事項とする分配的正義という課題が生じることになる、という構図になる。

こうした本書の議論の限定の理由は、次のような単純なものである。制度的関係の有無を無視する形で分配的正義の要求が成立すると考えた場合、その前提からすれば論証するまでもなく、必然的にグローバルな分配的正義（そして原理上は宇宙的な分配的正義）という形態をとることとなるだろうからだ。むしろ、非関係論的な正義構想からすれば、国内社会という空間的な限定こそが根本的な問題なのだ。それゆえ本書では、「これまで蓄積されてきた社会正義論の見地を踏まえた場合、どのようなグローバルな正義論を描写していくことができるのだろうか」という先に挙げた問いへの応答という関心から、この、制度的関係にもとづく分配的正義という理論的前提を共有する正義構想を研究対象としていく(12)。

本書で特に着目していく第二の点は、理想理論（Ideal Theory）と非理想理論（Non-Ideal Theory）という区分である。規範理論の性格や担うべき役割をどう考えるべきなのか、といった問いに関わるこの分類も、グローバルな正義論と同様に、近年の政治理論における中心的な論争点の一つである(13)。それゆえ、それぞれをどのように特徴づけるかということ自体が論争的ではあるが、本書では理想理論を、「何らかの理想的想定にもとづく正義に適った社会の構想に関する理論」として、「非理想理論」を、「こうした理想的想定から外れている、不正な状況における道徳的行為指針に関する理論」として整理する。グローバルな正義の文脈において、前者は「正義に適った世界とは何か」という問いへの応答であり、後者は「不正な世界状況において何をなすべきか」という問いへの応答を意味する。

この理想理論と非理想理論は、論者によっては、どちらか一方だけが正義を論じる規範理論にとって重要なものとみなされることもある(14)。しかし、一つの正義の理論の中にこの二つの理論が共に内包されていると見ることは十分に可能である（Stemplowska 2008）。特にグローバルな正義の文脈においては、現今の世界状況がいずれの正義構想からしても正義に適っているとは到底みなせない状況であることから、理想理論のみならず非理想理論をも取り扱うことが（国内的な社会正義論において以上に）重要となる。国家主義とコスモポリタニズム双方の正義構想も、それぞれの理想理論と非理想理論にあたる部分を十分に把握しながら検討していかなければならない。

このように理想理論と連関するものとして非理想理論を把握した場合、非理想理論に属する問いの中でも極めて重要なものとなるのが、理想理論で描かれる正義に適った状況にいかにして到達していくべきなのかという、「移行期（transitional）の理論」である。これは理想の実現に関する理論ではあるが、そこでは技術的な課題なども含まれてくる実現可能性全般に対して以上に、道徳的な制約が考慮されなければならない（Räikkä 1998: 34; Simmons 2010: 20–21）。つまり、正義に適った状況に至るまでの正義に適った筋道、あるいは道徳的に許容可能な筋道が示されなければならない。そのためこれらは、たとえ現実的な状況に密接に関連していたとしても、技術的ないしは経験的な問いとは別に、規範理論が応答すべき課題となってくる。本書では、国家主義とコスモポリタニズムの正義構想を評価、検討する際に、それぞれの理想のみならず、こうした移行期の理論にどのように応答しようとしていたのか、という点も考慮していく。

上記の二つの点に着目し、国家主義とコスモポリタニズムの立場を整理した場合、両立場の中間を志向するとされる直近のグローバルな正義論は、実のところ既存の論争枠組みを大きく前進させるものとはなっていない。というのも、従来の国家主義ないしコスモポリタニズムの主張を過小評価する形で、一見して中間的なように見える正義構想の主張が展開されてしまっているからだ。

たとえばL・イピの議論（Ypi 2012）は、国家主義とコスモポリタニズムの双方ともに、非理想理論で問われるべき国家の道徳的重要性を理想理論の論点として扱ってしまったこと、理想理論として問われるべきグローバルな貧困の因果性の問題を問うことなく、グローバルな絶対的貧困を非理想理論における自明な不正義という事実として把握してしまっていたことを、両立場に共通の欠点とみなしている。そこから彼女は、道徳的動機づけという非理想理論の文脈の中においては、特別な関係性からなる国家の役割を強調している。そして、それと区別されるべき理想理論としては、グローバルな絶対的貧困の一つの原因となっているグローバルな相対的貧困に対して、その不平等を考慮していく正義の原理を主張している。しかしながら、国家主義の理想と関連する国家の道義的重要性を、道具的にのみ理解することは不適切である。そして、そのように解釈してしまうことで、国家主義がグローバルな正義の文脈においても分配的正義を一つの理想として提示していた点が見落とされてしまっている。つまりイピの立場は、国家主義のグローバルな正義に関する理想理論にあたる議論（分配的正義の引き金としての国家という制度的関係）を非理想理論に該当するものとみなすことで、コスモポリタニズムの理想理論の延長に留まってしまっている（なおイピの議論については次の第一章で検討する）。

M・リッセは、グローバルな正義の根拠づけが多様であることを前提とした、国家主義でもコスモポリタニズム（リッセ自身の用語ではグローバリズム）でもない多元的な国際主義を提唱している（Risse 2012: 2-3）。そこで彼は、国境を越えた経済的な財の分配に関して、他者を犠牲にしない形で獲得された利益のみを正しいものとする原理を主張している（Risse 2012: 273）。正義の根拠づけの多様性の承認という彼の主張自体は、従来のグローバルな正義構想の対立軸において焦点を当てられてこなかった点を強調しているがゆえに意義深いものである。しかしながら、ここで問題としたい分配的正義に関していえば、リッセの主張は国家主義の主張そのものであり、平等主義的な分配的正義は国内でのみ妥当するという、従来の国家主義の立場の延長上に位置している。(Risse 2012: 41-62)。すなわち、国内的な関係性に比べて国家間ないしグローバルな関係性は「薄い」ものであ

L・ヴァレンティーニもまた、既存の主張とは異なる第三の道を模索したとする研究を行っている（Valentini 2011a: 3-4）。彼女は、従来の国家主義とコスモポリタニズム双方への批判的検討を通じて、各人の自由への強制

性が国家内のみならずグローバルな体系的な強制性としても存在していることを強調し、それへの正当化という観点からグローバルな正義を論じている。しかしそこで主張されるグローバルな正義とは、経済的な不平等の平等主義的な正当化を内容として伴うものではない。彼女が描く正義に適った世界とは、各国の市民が十分に自由を享受できていること、国家がそうした役割を果たすことが妨げられることのないよう、グローバルな制度的関係が編成された世界である（Valentini 2011a: 193–204）。ヴァレンティーニの議論の問題点とは、国家主義の理想（特にロールズの理想理論）を過小評価することによって、国家主義の理想からすれば非理想理論に該当するとみなせる課題「グローバルな体系的強制性が不正義を生じさせる場合の道徳的指針とは何か」についての原理を、新しい別個のものとして提示してしまっていることにある。それとは逆に、コスモポリタンの分配的正義の理想は、現状に照らして明白に正しいとは論証できないという点をもって退けられてしまっている（Valentini 2011a: 58–68）。つまり、国家主義の理想理論を低く見積もり、コスモポリタニズムの非理想理論の可能性を検討しないことによって、従来の国家主義の主張と大差ない内容の正義構想を中間的なもののように提示することが可能となっている[15]。

これらの議論と一線を画しており、国家主義ともコスモポリタニズムともみなせないグローバルな正義の主張を展開しているのがＡ・ジェームズである（James 2012）。彼は、今ある世界状況をそのまま、各国家が独立しつつも経済的には部分的に統合された状況として理論の前提に据え、こうした現に生じている実践における構造的な衡平性の問題として、国境を越えた分配状況も扱っている（James 2012: 21–25）。特に、国際協働の成果とみなされる貿易で生じた財の分配の正しさが、彼の議論の主題とみなされている（James 2012: 17）。ジェームズの主張は、従来の国家主義やコスモポリタニズムの理想とは確かに異なるものであるし、そこに至るまでの経路は異なるものの、本書の第五章で論じる国際的な分配的正義としての問題把握と同様の議論とみなすことができる。

しかしながら、国家主義ならびにコスモポリタニズムの論者が、どうして現状から出発するというジェームズの理論構築を受け入れなければならないのかという点について、十分に説得的な議論がそこでなされているとは言い難い。たとえば彼は、他者の行為の不確定さに由来する「保証問題（assurance problems）」への応答の必要性を持ち出し、コスモポリタニズムの分配的正義がそれに適切に答えることができるかどうかが現状において不明瞭であることを根拠として、これを拒否している（James 2012: 112-122）。しかし、現時点における単なる改革の展望の欠如や知識の不足をもって、それをコスモポリタニズムの理想そのものを即座に拒否すべき根拠であるとみなすことはできない。新たなグローバルな正義構想の提示に留まらず、国家主義とコスモポリタニズムとの架橋も目指すとするのならば、二つの立場に立ったとしても現状の世界から出発することを受容すべき論拠を明示する必要があるだろう。本書の第二章と第三章における非理想理論の検討はまさに、国家主義とコスモポリタニズムそれぞれの立場においても現状――本書ではそれを「複数国家からなる一つの世界」と表現する――から出発すべき必要性があることを論じるものである。また、第四章とそれに続く第五章の議論は、社会の基本構造の重要性の承認といった国家主義ならびにコスモポリタニズム双方の理論に従う形によっても、国際的な貿易の分配における公平性を問うことができる、ということを明らかにするだろう（なお、ジェームズの提唱する公平さの原理の内容ならびに本書の主張との異同については、第六章で取り上げる）。

次に、日本におけるグローバルな正義に関連する研究状況にも触れておきたい。それを主題とした論文集が編纂されていることからも見てとれるように、日本においても近年、グローバルな正義についての研究が活発になってきている（内藤・岡野（編）2013; 宇佐美（編）2014）。その論題は、グローバルな正義という問題領域の性格上、多岐にわたるが、本書との関連でいえば以下の二つの潮流を指摘することができる。

一つは、ロールズの社会正義論の文脈の中でグローバルな正義論を論じたものに端を発するものである（渡辺 2000; 飯島 2001）。そこでは、『正義論』の議論そのままの空間的拡大としてのグローバルな正義論と、『諸人民の法』をはじめとしたロールズ自身のグローバルな正義構想との比較検討などが研究対象となった。そして、その延長上から、分配的正義の問いを国内社会に限定する、ロールズならびに国家主義の立場への批判が展開されることとなった（神島 2006; 井上達夫 2012）。それと同時に、国家主義とコスモポリタニズムとが異なるグローバルな正義構想をそれぞれの論拠から展開していることへの理解の必要から、それぞれの主張の特徴ならびに、（二つの陣営間のみならず陣営内の違いも含めた）差異の明確化がはかられることとなった（押村 2008; 押村 2010; 上原 2011b; 伊藤 2014）。

もう一つは、基本的人権といった言葉でしばしば表現されるような、グローバルな十分主義的な正義の原理の妥当性に焦点を当てたものである。そこでは、そうした原理によって意味される内容は何であるか、その正当化の根拠をどこに求めることができるのか、原理の実現に向けた責任をどのように把握すべきなのか、といったことが研究対象となった（竹村 2004; 宇佐美 2005; 宇佐美 2008; 木山 2014）。

いずれの方向性にしても、日本における現今のグローバルな正義論研究はまず、「何らかの内容を持つグローバルな正義（ならびにその義務）を想定していくべきである」ということを論証すること――つまりはグローバルな正義の存在証明――が、第一の目的になっていたと整理することができる。日本においてグローバルな正義を論じていくために、こうした研究蓄積が必要不可欠な行程であったことは間違いないだろう。

このように日本におけるグローバルな正義論研究においては、グローバルな正義論が扱うべき問題領域の多様性とそれに比べた研究者の希少性からか、本書で言う意味での分配的正義のグローバルな拡大可能性について、それ自体を主題として批判的に検討されることはほとんどなかったといえる。確かに、コスモポリタニズムのグローバルな分配的正義を自らの主張として提示している研究はあるものの（伊藤 2010; 浦山 2011-2012; 神島 2015）、それらは、分配的正義に関する理想理論としての国家主義の立場を十分に汲みつくし、そこから提出されるだろう批判を受けたものとはなっていない。(16) また、第五章で特に扱うことになるが、国家主義の正義構想が欠点を抱えてしまうということは、そのまま自動的にコスモポリタニズムのグローバルな分配的正義の妥当性を示すことにはならない。

以上のように、グローバルな正義の先行研究を振り返ってみても、従来の二つのグローバルな正義構想とは別個の、中間を志向していく試みは、英米圏においても十分に成功しているとは言い難い。そして日本においては、分配的正義の問題と十分主義的な問題がひとくくりにされがちであったこと、それと関連して国家主義の立場からのグローバルな正義構想の意義が十分に汲み取られてこなかったこともあって、そもそもそうした探求の必要性自体が十分に考慮されてはこなかったとみなすことができる。

それに対して本書は、国家主義の主張とコスモポリタニズムの主張双方の批判に依拠しつつも、どちらか一方の側の擁護に留まらない、分配的正義に関する新たなグローバルな正義構想を模索するものである。つまり、国家主義とコスモポリタニズムの正義構想の理想理論と非理想理論とを分節化した上で、それぞれの非理想理論における応答から共に導き出されることになる世界の状況――複数国家からなる一つの世界――を理想理論の前提に置換することで、既存の対立軸の一つの架橋を試みるものである。そこで、複数国家からなる一つの世界という、国内と世界との制度的関係の二重性に立脚することで、こうした想定を十分に考慮していなかった従来の議論とは異なる、新しいグローバルな正義構想を提示する。それゆえ本書は、既存のグローバルな正義論研究の中でも独特な位置を占めることになる。加えて、既存の国家主義やコスモポリタニズムの立場に対しても新たな論争の相手を提示することによって、グローバルな正義論研究全体のさらなる進展にも寄与できるだろう。

5 本書の構成

次章以降は以下の形で議論を進めていく。まず第一章「グローバルな正義をめぐる二つの理想」では、これまで現実主義的な国家主義と、理想主義的なコスモポリタニズムという構図で理解されがちであった両立場の再整理を試みる。そこでは、両立場が、国境を越えた分配的正義のありようをめぐる対立という、あるべき世界の理想の描写に関わるものであった点を強調していく。そして、分配的正義の枠組みに世界中の人びとをいずれかの形で組み込まなければならないという、共通の問題関心に鑑みるならば、両立場の理想とも同じく成立しうることをそこで示していく。続いて、そのようにそれぞれ成立しうる理想も、それに照らして構築される非理想理論(移行期の理論)の内容次第によっては、各自の正義構想が非現実的なものとなってしまうことを明らかにする。そこからさらに進んで、国家主義とコスモポリタニズムのグローバルな正義構想を検討、評価していくためには、それぞれの正義構想がいかにして非理想理論の課題に適切に応答できているのかどうかが問われなければならない、と論じる。

続く二つの章では、前章での問題提起を受ける形で、国家主義とコスモポリタニズム双方の代表的論者の非理想理論に焦点を絞り、それぞれの議論が含む難点とその克服方法を検討していく。第二章「国際的な援助の義務の優先性とJ・ロールズの「援助の義務」」では、ロールズの非理想理論の一つにあたる援助の義務について批判的検討を行っていく。特にそこでは、グローバルな正義の義務に対する自国の非遵守という非理想的な課題に着目する。これは、この援助の義務の履行と、国内社会の不平等是正をはじめとした国内的社会正義の追求とのどちらにより重点が置かれるべきなのかという、援助の義務の優先性に関する問題として理解することができる。この章では、援助の義務の性質やその目的を踏まえた場合、現実世界において、そもそもこの義務がなされていないという状況（援助の義務の優先性が低く見積もられている状況）そのものをいかにして変革していくべきなのかという、移行期の理論が取り組むべき重要な論点に対して、ロールズ自身の議論は十分に答えられていないという点を明らかにする。こうした批判を経て本章では、この難題への応答として、グローバルな正義の枠組みの中で国内的な社会正義を構築していく作業が必要となる、と論じていく。

第三章「グローバルな正義の義務と非遵守」では、コスモポリタニズムの代表的論者の一人であるポッゲの主張を非理想理論の観点から検討していく。先に言及したように、ポッゲはロールズの社会的正義論の国内社会への限定性を批判する議論を行っていた。そうした議論の延長として、彼はその後、グローバルな不正義を消極的義務違反とみなした上で、その義務の履行を先進諸国の市民に訴えかける主張を展開している。ここでは、前章とは別の非遵守の問題――グローバルな正義の義務に対して他国が遵守していない状況の中でいかに自国は振舞うべきなのか――を取り上げていく。これは、グローバルな正義の義務に対する部分的非遵守の状況と言い直すこともできる。国家主義の観点からしても解決困難に見えるこの難題に対して、ポッゲの消極的義務論がどのような応答を示すことができるのかという点が、ここでの検討課題となる。そこで、一つのグローバルな制度的関係の不正義除去という、コスモポリタンな問題理解から要求される最低限の正義の理想と、その実現に向けて要求される積極的責務の履行の公平さとが、部分的非遵守という現今の状況下において緊張関係に陥ってしまう、という点を明らかにする。そうした難題に応えていくために本章では、コスモポリタニズムの理想においても非理想的な条件下では、グローバルな制度そのものへの道徳的指針と、各行為主体としての国家の取るべき行為への指針との提示が必要とされる、と論じていく。

第二章と第三章の検討で示していくのは、国家主義、コスモポリタニズムいずれの正義構想においても、非理想理論での課題への適切な応答に際しては、各国制度とその正義、グローバルな制度的関係とその正義との双方を、ともに配慮していく必要があるということである。それを受けて、次の二つの章では、非理想理論で前提とされるべきとみなされるこの制度の二重性を、理想理論の理論前提として再配置することで、既存のグローバルな正義論における国家主義とコスモポリタニズムとの対立を架橋しうる、別の正義構想を模索していく。

第四章「グローバルな正義と諸国家」では、こうした制度の二重性、「複数国家からなる一つの世界」という前提が、グローバルな正義において少なくとも二種類の正義構想を要求することになる、と論じていく。特にそこでは、制度的関係から分配的正義を論じる論者において共有されている観念の一つである、社会の基本構造という観念のグローバルな適用の含意を探ることで、そうしたグローバルな正義の多元的性格を明らかにしていく。この社会の基本構造論を参照していく中で、グローバルな正義においてもグローバルな制度と各国家としての制度とでの分業を想定すべきであること、そこでグローバルな制度的正義と国家間の相互行為的正義とを別個に問う必要性が生じることを明らかにする。そして、ロールズの非リベラルな社会への寛容論に対する批判的検討から、この二種類の正義の内容を異なるものとして理解すべきである、と本章では主張する。

第五章「「国際的な」分配的正義」では、第四章で中心的に取り上げることのなかった、グローバルな制度的正義と分配的正義の主張との関係について検討していく。そこでは、コスモポリタニズムの論者の主張するグローバルな分配的正義に対する国家主義の論者の批判の根拠が、各国国内社会における分配的正義構想の追求が否定されてしまうという点にあったことを指摘していく。そして、そうした根拠が、国外における分配的正義の可能性や必要性自体を否定するものとはなっていないという点を明らかにする。そこから本章では、グローバルな制度的関係を前提とした場合、各国家間の国際協働によってはじめて産み出される財のみをターゲットとし、そうした財の多寡、不平等への配慮を要求する、国際的な分配的正義が生じることになる、と主張する。

第六章では、前章で提示した国際的な分配的正義という主張の持ちうる含意をより明確に示すための検討を行う。ここでは特に、前述のジェームズによる貿易の公平さについての分配主義的な主張の中身を検討し、本書との異同を示していく。そこでの中心的な論点は、国際的な分配的正義という問いに対して個人主義的で平等主義的な分配原理という解を示すことが（ジェームズの想定とは異なって）可能となるかどうかである。そこで本章は、そうした分配原理の主張が否定されえないと論じるとともに、国際的な分配的正義という正義の問いと、それに対する個人主義的で平等主義的な応答とが持ちうる含意をより明確にしていく。

最後に結論部分において、本書の主張するグローバルな正義構想――グローバルな制度的正義と国家間の相互行為的正義という二元的性格を有し、グローバルな分配的正義とは範囲の異なる国際的な分配的正義を主張する正義構想――の内容及びその論拠を再確認する。そして、グローバルな正義論、政治理論、そして現実世界の実践的な問題と関連させる形で、本書の意義ならびに、この研究を通じてより明白なものとなったであろう、今後の課題について触れる。

第一章　グローバルな正義をめぐる二つの理想

第一章では、これまでのグローバルな正義論における二大潮流——国家主義とコスモポリタニズム——それぞれの特徴や差異、そして直面している課題が何であるかを確認していく。理想理論と非理想理論の区別を用い、それをグローバルな正義構想と照らし合わせることで、本章では次のように論じていく。国家主義とコスモポリタニズムの双方とも、各人の間で分配的正義を必要とさせる正義の情況においては、理想理論として成立する。そうである以上、この段階で、どちらか一方を望ましいものとみなすことはできない。ただし、いずれの立場も理想理論として成立するとみなせるものの、それぞれの非理想理論は、その取りうる内容次第によって道徳的に到達不可能なものとなってしまう。それゆえ、「国家主義は現実的であり非理想理論において優位にある」とも、「コスモポリタニズムは理想的であり理想理論においてふさわしい」ともみなすことはできない。国家主義とコスモポリタニズムのグローバルな正義構想の規範的評価のためには、どちらも同じように成立してしまうとみなせる理想理論よりも、そうした理想の実現に向けた移行期の理論に目を向ける必要がある。その上で、それぞれが抱えている難題をいかに克服していくことができるのかが検討されなければならない。

1　イントロダクション

前章における整理で確認したように、これまでグローバルな正義論は国家主義とコスモポリタニズムとの対立軸に沿って論じられてきた。その最も重大な争点は、分配的正義の範囲をめぐるものであった。そこでこの二つの立場による論争は、それぞれの立脚する理論前提が今ある現実の主権国家体制から大きく外れるものとなっていないかどうかという点や、それぞれの正義構想の要求内容と世界の現状との差がどの程度あるのかといった点から、現実主義的な国家主義と理想主義的なコスモポリタニズムとの論争、としても把握されてきた。たとえば、国家主義の代表的論者とみなされるJ・ロールズのグローバルな正義構想に対しては、そこで主権国家体制という現状そのものが自明視されていたこと、国家間を横断する（彼の『正義論』において擁護されたような）分配的正義の原理が拒絶されていたことなどから、その保守的な性格が指摘、批判、さらには落胆の対象ともなってきた（Buchanan 2000: 721; Brock 2009: 21; 伊藤 2010: 三一頁）[17]。この見解を支持するかのように、ロールズ自身も実のところ、自らのグローバルな正義構想である諸人民の法を「なじみ深い、伝統的な諸原理」と実際に表現している（Rawls 1999b: 37 邦訳四九頁）。一方のコスモポリタニズムの側では、その目指すべき理想と現実世界との巨大な乖離が自明視されており、それこそがコスモポリタニズムの理論への重要な課題となっていると考えられていた[18]。

こうした現実主義的な国家主義と理想主義的なコスモポリタニズムという一般的な理解からすれば、どちらの立場がより好ましい正義構想であると判断すべきかという規範的評価に関する問いは、実現可能性の問い――現実世界に存在する様々な制約のうちのどれをどこまで重要視すべきなのか――に還元されてしまいかねない[19]。つまり、実現可能性の制約をより多く考慮することで現実世界における理想の実現されやすさを重視するのならば、国家主義の立場に立つべきであり、軽視しても構わないのであればコスモポリタニズムの立場に立つべきである[20]。しかし、一方の現実を重視する国家主義と、他方の理想に邁進するコスモポリタニズムというこの図式は、各々の正義構想の特性を本当に的確に把握しているのだろうか。

本章では、この二つの正義構想の差異が分配的正義の範囲をめぐる点にあったということを大前提とした上で、序章で触れた理想理論と非理想理論という区分に着目することで、二つの立場の再整理を行っていく。そうすることで、二つの立場の根本的対立が残る領域と共通の課題として応答すべき領域とをより明確にしていきたい。

その中で本章では、現実主義的な国家主義と理想主義的なコスモポリタニズムという理解に対して、次のように主張する。個人を分配的正義の対象とみなすことが求められることになる、正義の情況（circumstances of justice）に照らして考察してみた場合、国家主義、コスモポリタニズム双方の主張する理想は、理想理論として共に成り立っているとみなすことができる。つまり、現実世界の単なる肯定に留まっていないという意味でどちらの立場も理想主義的である。それゆえ、その理想の実現において、双方とも、理想と現実とのギャップという課題に直面している。

次の第2節で、現実主義的な国家主義と理想主義的なコスモポリタニズムという図式が何を意味するのかを明らかにするために、この論点を中心的に扱いながら結果としてこの図式による対立理解をより先鋭化させることとなった、L・イピの分析を検討していく。続く第3節では、分配的正義を必要とする事情——正義の情況——の特徴を振り返ることで、個人を対象とする分配的正義の持ちうる範囲が、この情況では一義的に規定されえないことを確認する。それを踏まえた上で、国家主義とコスモポリタニズム双方の理想理論を定式化する。最後に第4節において、それら理想理論を実現するための移行期の理論としての非理想理論に目を向け、そこで直面するだろう課題や限界を明確にしていく。

2　現実主義的な国家主義と理想主義的なコスモポリタニズム？——L・イピによる分析

各国国内のみならず世界中の人びとの間の分配状況を問題化しているという点で、現実世界に照らしてラディカルな要求を含むことになるコスモポリタニズムと、そうした要求を明確に拒絶する国家主義。それぞれの内容を踏まえるのならば、前者を現実離れした主張、後者を現状肯定的な主張として理解することは、それほど不思議なことではないかもしれない。

近年のグローバルな正義論の論者の一人であるイピは、こうした二つの立場の主張内容を踏まえ、そこに本書と同様に理想理論と非理想理論という区分を導入することで、両者の結合を試みている。彼女はまず、理想理論を、現実世界で行為主体がどのように表出されるのかという点に制約されることなく規範原理を確定する理論として捉え、非理想理論を、現実世界における行為主体の手引きとなる原理の構築を目指す理論として整理する（Ypi 2012: 38）。この説明は、理想理論は目指すべきゴールに相当する規範的原理にかかわり、非理想理論はそうしたゴールに到達するために実際に活動する行為主体のありように焦点をおくものである、ということを意味する。その上で彼女は、この理想理論と非理想理論それぞれの論点が、従来の国家主義とコスモポリタニズムの議論において混同されてきたことを批判する。つまり、規範原理が探求されるべき領域と、そうした原理と現実の行為主体との関係性を対象とする領域とが、従来のグローバルな正義論において混同されてきたという批判である（Ypi 2012: 3）。

それは第一に、本来ならば非理想理論において考慮されるべき、各国家という具体的な制度とそれを支える成員間の特別な結びつきの道徳的重要性といった論点が、グローバルな正義のあるべき原理にかかわる理想理論の論点として把握されてきたことへの批判である。これまで述べてきたように、グローバルな正義がグローバルな平等主義的分配的正義を意味するのかどうかという問いに対して、コスモポリタニズムは肯定的な、否定的な主張を展開してきた。そしてそこでの重要な論点は、今ある国家（と国家内の成員間関係）といった制度的関係を正義における特別な考慮事項としてみなすべきなのかどうかというものであった。ところがイピによれば、国家主義の立場で擁護される国家の道徳的重要性は、あくまで正義を実行していく行為主体の次元で考慮されるべきものである（Ypi 2012: 76）。また、コスモポリタニズムの論者も、そうした国家の道徳的重要性を理想理論における主張とみなしてこれを完全に否定してしまうことで、非理想理論の次元において、世界中の各個人のみを道徳的な行為主体として想定せざるをえないといった、厄介な困難を抱え込んでしまっている（Ypi 2012: 76–86）。

そして第二に、以上のこととは反対に、本来ならば理想理論として扱われるべきグローバルな貧困といった事態が、国家主義とコスモポリタニズムの双方の立場から、非理想理論における課題として把握されてきたことへの批判である。イピによれば、今あるグローバルな貧困という事実を双方ともが自明の課題とみなし、そこで、国家主義の論者は十分主義的な内容の援助の義務を提案し、コスモポリタニズムの論者はグローバルな平等主義的分配的正義を主張してきた。そこでは、当の貧困の原因について、いずれの立場からも深い考察がなされてこなかった。そうした考察の欠如によって、二つの相反する理論の現実世界に対する含意の違いがかえって見えなくなってしまったというのである（Ypi 2012: 89, 96）。つまり、グローバルな正義の原理（理想理論）の問いに応答するためには、グローバルな貧困の原因、今ある不正義の状況がしっかりと把握されなければならない。

かくして、従来のグローバルな正義論に対するイピの批判に従うならば、国家に固執する国家主義は、理想の実現のために必要とされる現実世界における単なる手段を、そもそものグローバルな正義の理想の原理の構成要素とみなすという、手段と目的とを取り違えた議論であったということになる。それに対してコスモポリタニズムは、国家やその中での特別な成員間関係といったものを軽視してしまうがために、目的達成のための手段を十分に考慮することのできない議論であったということになる。

そこで現状の論争状況の適切な克服方法として、イピは、「国家主義的なコスモポリタニズム」という立場を提唱する。それは、行為主体の論点を扱う非理想理論において国家の役割を重視し、原理の論点を扱う理想理論においてグローバルな貧困の生成を踏まえたグローバルな原理を主張するものである。特に彼女は、各国間のパワーの格差をはじめとしたグローバルな相対的貧困を一例として取り上げ、そうした相対的貧困の対象となる財が位置財（positional goods）（当の財の相対的な保有量によってその価値が決定される財）としての側面を持つことを指摘した上で、こうした財の保有がグローバルな絶対的貧困とも因果的に関連している点を強調する。そして、グローバルな絶対的貧困の根絶という、国家主義の立場からも肯定される要求にとっても、こうした位置財を対象とする平等主義的な分配的正義が必要とされると主張する（Ypi 2012: 109–112）。つまり、絶対的貧困の根絶という十分主義的な正義への配慮のためにも、相対的貧困を平等主義的に、かつグローバルに配慮していくべきだということになる。それとともに、こうした原理の履行を実現し持続していくために人びとを動機づけるという観点から、はじめて、各国家という個別の制度の道徳的重要性が正当化される（Ypi 2012: 131–153）。

この図式とそれにもとづくイピのグローバルな正義論が、分配的正義をめぐるグローバルな正義論のこれまでの論争に対して意味することは明白であろう。すなわち、コスモポリタニズムの立場と符合するグローバルな分配的正義が妥当な理想の原理として擁護されるべきであり、その枠組み内において、国家主義の立場の強調する国家という制度が、妥当な行為主体として尊重されるべきである。「国家は、それがなければグローバルな分配的平等が政治的に実効的にならず、動機づけとして持続可能でなくなるだろうから、極めて重要である。グローバルな分配的平等は、それがなければ人びとを各国家に仕切っていくことがほとんど擁護できなくなるだろうから、極めて重要である」（Ypi 2012: 174）。理想理論の主張としての国家主義は退けられるものの、実現可能性という問いを真剣に考慮してこなかったコスモポリタニズムの欠損を埋め合わせる形で、非理想理論として国家主義の主張が汲み取られることとなる。望ましいものに関する理想理論としてのコスモポリタニズムと、実現可能性に関する非理想理論としての国家主義という融合は、まさに、理想主義的なコスモポリタニズムと現実主義的な国家主義という見解を理論的に後押しした主張であるとみなすことができよう(21)。

ところが、こうした理想理論としてのコスモポリタニズムと非理想理論としての国家主義という整理は、特に国家主義の正義構想に対して次のような想定を引き起こす。第一に、従来の国家主義の主張——分配的正義の範囲は国家内に留まる——は、そうした正義の実現という側面を不当にも理想理論の次元で重視してしまった結果であった以上、そうした実現可能性や持続可能性といった考慮を除外するのならば、個人の自由と平等を尊重している国家主義の論者も、グローバルな分配的正義を肯定すべきである、という想定である。この構図においては、国家主義の立場からしても本来ならばグローバルな分配的正義を追求することが望ましいものの、実現可能性や持続可能性といった現実的な制約から仕方なくより限定的な主張がなされてしまったのだ、ということになる。そして第二に、国家主義は非理想理論が正視すべき課題に対して、コスモポリタニズムと比較して、より説得的な主張を展開できるという想定である。つまり、コスモポリタニズムの立場が直面せざるをえない非理想理論における課題を国家主義の議論は免れることができる、はずである。

はたして、こうした想定やそれを支える図式は、国家主義とコスモポリタニズムの分析として適切なものとなっているのだろうか。次に、人びとの間に分配的正義がどうして必要とされるのかという論点に遡ることによって、イピの整理を代表とする、現実主義的な国家主義と理想主義的なコスモポリタニズムという理解が抱える難点を明らかにしていく。

3　グローバルな正義と正義の情況

ここまで強調してきたように、グローバルな正義をめぐる国家主義とコスモポリタニズムの対立軸は、国家の道徳的重要性を考慮すべきかどうかという点以上に、分配的正義の範囲をめぐる差異を根底としていた。それを踏まえるのならば、そもそもどうして異なる人びとの間に分配の正しさを問う必要があったのか、という論点に遡って、二つの立場の正義構想の特徴を再記述していくことが、それぞれの議論の性格を把握するためにも必要となるだろう。本節では、そうした分配的正義の必要性を生じさせる条件、いわゆる正義の情況から出発することで、国家主義とコスモポリタニズムの正義構想の双方とも理想理論として成り立つ、ということを明らかにしていきたい。

3-1　正義の情況

正義の情況という観念は、よく知られているように、人為的な徳としての正義がそもそも人びとにとって必要とされる条件についての、D・ヒュームの論述に見出すことができる（Hume 1992［1739］: 484-495; Hume 1998［1751］: 83-89）。ここでは、この観念を用いて正義の理論を展開していたロールズの議論も参照し（Rawls 1999a:

109–112 邦訳一七〇―一七四頁）、その特徴を確認していく。(22)

この正義の情況は大きく分けて、客観的条件と主観的条件とからなる。客観的条件とは、全ての人びとの要求を完全に満足させるほど豊富な資源はそもそも存在しないし、また、こうした外的な資源（財）の所有を妨げてしまう他者からの暴力に対して人びとが平等に晒されている、といった条件を意味する。もちろん、そこで想定される人びとの利用可能な資源の量は、協力関係を築くことを全く不可能にしてしまうほどわずかしかないというわけではない。それゆえ、この客観的条件は「財の適度な希少性」といった言葉で言い表される。

次に主観的条件とは、人びとの内面的な性質、利己心の存在と限定的な利他心とを意味する。財の適度な希少性を前にして、自らの要求を自分だけが引き下げるような行動を（正義という徳が確立する以前の）人間に期待することはできない。そして、人びとの抱く配慮は第一に自分に向き、次に親しい人、そして他者、といった形で不平等なものとなっている。そのため、そこで人びとの互いの財に対する要求は否応なく対立してしまう。(23)

こうした諸条件に人びとが直面するがゆえに、この情況を克服するべく社会の構築が必要とされ、そこで各人の外的財の所有の安定、保持が図られることとなる。そしてそこで問題となる財とは、単なる天然資源そのものというよりも、人びとの協力によって産み出される財である。「開かれた、自由な自然の手によってわたし達が享受できるものはあまりない。だが、技術、労働、産業によって、わたし達はそこから大変多くを引き出すことができる。ゆえに、所有という観念は全ての市民社会において必然的なものとなる」（Hume 1998 [1751]: 87）。人びとの所有を正しいものとして規定するルール、制度の原理を意味する分配的正義は、こうした情況とそこでの人々の協働によって生じる財とを前提とすることで、はじめてその必要性が見出されることとなる。次のロールズの説明が、まさにこうした情況の中での分配的正義（＝社会正義）の役割を的確に示しているといえるだろう。

人びとがそれぞれ個々に自力で生活していくことに比べれば、社会協働によって全員がより良い生活を送ることができるので、そこには利害関心の一致が存在する。そこでの協同によって産み出された便益がどのくらい多く分配されるかについて、人びとは自分たちの目的を追求していくためにも少ない取り分よりかは多くの取り分を選好するため、無関心ではいられないので、そこには利害関心の衝突が存在する。この利益の分割を取り決めることとなる様々な社会的編成間の選択のため、適切な分配上の取り分についての合意を支えるため、一連の原理が必要とされる。こうした原理が、社会正義の原理である。(Rawls 1999a: 4 邦訳七頁)

わたしのものとあなたのものとを区別し、そして正しく規定する分配的正義はまさに、財をしっかりと享受するための人びとの間の協力や取り決めの必要性と、結局のところ自らの利害関心を他者よりも優先してしまう人間の利己心の必然性という情況とを前提とすることで、はじめてその必要性が生じてくる徳である、といえる。

3-2 正義の情況に立脚するグローバルな正義の二つの理想理論

次に、グローバルな正義とそれをめぐる論争の文脈の中で、この正義の情況が果たす役割を見ていこう。当然ながら、世界中の全ての人びととの誰もが平等に、こうした正義の情況下にあると考えられる(Reidy 2006: 275)。コスモポリタニズムは言うに及ばず、国家主義の立場からのグローバルな正義論も、少なくともそれが国内的な制度的関係において分配的正義が成り立つことを自明視している(つまり正義の情況という観念に立脚している)以上、この世界中の人びとの正義の情況を考慮していかなければならない。

そこで改めて、正義の情況を大前提とした分配的正義の主張としてのコスモポリタニズムと国家主義の立場を、それぞれが正義に適っているとみなしうる理想的な世界の状態に沿って定式化したい。まずコスモポリタニズムの主張は以下のものであると考えられる。

コスモポリタニズムの理想理論：世界中の個人が一つの制度的関係とそれへの分配的正義の下で包摂されている世界

世界中の人びとが直面している正義の情況に対して、コスモポリタニズムは、一つの制度的関係という規範的枠組みをもって応答していこうとする立場であるとみなせる。この一つの規範的枠組みの射程に世界中の個人が収められることから、個人間のグローバルな不平等が問題化され、そうした不平等が正義に適ったものとなるよう要求される。

こうしたコスモポリタニズムの理想を端的に表しているのが、グローバルな機会の平等を擁護したD・メーレンドルフによる以下の記述である。(24)「もしも機会の平等が達成されたのならば、モザンビークの田舎で育った子どもも、スイスの銀行の頭取の子どもと統計の上では同じくらい、後者の親の立場に到達できるようになるだろう」(Moellendorf 2002: 49)。

この原理は、まさにコスモポリタニズムの理想の特徴を端的に示すものとなっている。それをより明確にするために、ここでは、上記のメーレンドルフの記述に対するD・ミラーによる批判を取り上げたい。彼は、スイスの銀行の頭取という地位を得るためのグローバルな機会の平等という要求は、極めて過度なものであろうから、これを等価（equivalent）の機会の平等（つまりモザンビークの子どもは、スイスの銀行の頭取と同等な給料を稼ぐことになるモザンビークの銀行の頭取になる機会を、平等に得られる、という原理）に読み換え、その上で批判を試みている（D. Miller 2007: 63–64 邦訳七九頁）。ところがこの読み換えは、（ミラーの批判が妥当なものかどうかとは無関係に）コスモポリタニズムの主張の重要な点を捉え損なってしまう。というのも、機会の平等をグローバルに保障することと、全ての国家を対象として各国それぞれで同等の機会の平等を成員に保障することとでは、規範的枠組みの捉え方が全く異なるからだ。前者は、世界全体を一つの制度的関係、規範的枠組みとして理解することによって、その内にある世界中の個人間の機会の平等を要求する立場である。(25) 後者は、国内社会に適用される正義原理としての機会の平等を全ての国家それぞれで採用させ、その上で実質的内容も均一化していく、とする立場である。これは、次に定式化する国家主義のグローバルな正義構想の中でも、（ほとんど提唱されることのない）極めて特殊な一形態として理解されるべきである。

それでは、こうしたコスモポリタニズムの理想と区別される国家主義の理想とはどのようなものなのか。その立場の主張をグローバルな正義に適った状態と関連づけて定式化するのならば、以下のようなものとなる。

国家主義の理想理論：世界中の個人が、各国単位の制度的関係とそれへの分配的正義の下で包摂されている世界

国家主義において世界中の人びとが直面している正義の情況は、国家として形成される制度的関係のいずれかに個人を包摂することで、応答されるべきものとみなされる。個人はそれぞれが属する国家の成員としてその分配的正義が考慮され、平等主義的な分配的正義の構想においては、あくまで、そうした成員間の不平等が問題視される。

国家主義のグローバルな正義の眼目は、こうした分配的正義をそれぞれの国内社会において追求していくとい

う点にある。R・ミラーの以下の記述は、国家主義の立場からの理想的世界像の典型例であるだろう。[26] 彼は、アリストテレスの市民的友愛論を参照しながら、各国の自律の尊重や相互信頼にもとづく国際関係というグローバルな市民的友愛をグローバルな正義の目的とみなし、このように述べている。

グローバルな市民的友愛への今ある障壁がひとたび克服されたのならば、自己開発に充てる期間を設けることが強要されるといった事態が国境内で生じる、生の見込みにおける差異が法と政策を共有する同国人の間で決定される、国境内の生活に関して主権を有した政府の市民がその地域の究極的な統制力を得る、こういったことが今以上に起こりがちになるだろう。横暴な影響力が外国に住む人びとの生活を形づくってしまう、といったことはもはやありえないだろう。……たとえグローバルな相互依存が増大したとしても、人びとの成功に最も影響を及ぼす決定は、その人の同国人（あるいは地域連邦の同じ成員）と共になす決定となるだろう。（R. Miller 2010: 233）

同様の理想は、反コスモポリタニズムの代表的論者の一人であるT・ネーゲルの記述にも見出すことができる。「全ての人は正義に適った社会に住まう権利を有している。しかし、全ての人とともに正しい社会に住まなければならないという責務を負ってはいない。正義への権利とは、その人の住む社会が正しく統治されることという権利である。これによってもたらされる、他国やその成員に向けての要求は、これがもたらす自国の市民に対する要求とははっきりと区別される、副次的なものである」（Nagel 2005: 132）。そして、非個人主義的であるとしてコスモポリタニズムの側から批判されてきたロールズの「諸人民の法」においても、人びとに対しての分配的正義の各国内における実現が、理想として想定されている。[27] いずれにせよ、人びとの相反する利害関心の衝突を前提とした正しい所有の確定は、各国家という複数の並立する制度的関係それぞれの中で追求されるべきものとみなされている。

ここで着目すべき点は、複数の並立する制度的関係という応答が、正義の情況の克服というここでの先行する目的をグローバルな一つの制度的関係と比べて首尾よく満たすことができるという、実現可能性における比較の優位さから主張されてはいないということだ。こうした応答はたとえば、コスモポリタニズムの理想に合致するグローバルな一つの制度的関係を否定したことの単なる裏返しから（つまり、あるべき関係性は一つかあるいは複数かという二者択一の選択から）や、[28]世界を一つの制度的関係に包含する典型例たる世界国家の道徳的な望ましくなさからや（Rawls 1999b: 36 邦訳四八頁）、各々の制度的関係における正義構想の多様性の擁護といった点から持ち出されたものである。[29]いずれの点を強調するにせよ、国家主義の理想理論は、それが世界中の人びとの分配的正義を追求していく上で道具的に有用である、という根拠に全面的に訴えかける形で構築されたものであったとみなすことはできない。もちろんこのことは、国家主義の論者がそうした道具的有用性を強調していないということを意味するものではない。[30]しかし、コスモポリタニズムの理想においては満たすことのできない実現可能性という基準を考慮した妥協の産物として、国家主義の理想が主張されていると理解するのは不適当である。

コスモポリタニズムと国家主義それぞれの理想をこのように定式化すれば、その根本的な対立点がどこにあるのかは明確である。これは、世界中の全ての個人が分配的正義の射程に収められるのか、収められないのかという対立ではない。また、個人を道徳的な単位とみなすか国家という集団を一つの単位とみなすかという対立でもない。これは、分配的正義の対象となる制度的関係が一つの関係性として世界規模で存在すべきなのか、各国家という複数の制度的関係の並立という形で存在すべきなのか、という対立である。つまり、正義の情況下にある世界中の人びと――個人としては脆弱であり集団の中で協力していかなければならない全人類――を前にして、どのような形でこうした人びとの分配的正義を達成していくべきなのか、という問いへの二つの異なる応答として、これまでのグローバルな正義をめぐる論争を理解することができる。

このように論争軸を整理し、それを正義の情況という理論前提と照らし合わせることで、極めて重要な未決の問いを浮かび上がらせることができる。それは、正義の情況それ自体からは、コスモポリタニズムと国家主義の理想のどちらが望ましいのか、という問いに対する結論を導き出すことができないということだ。正義の情況は、所有の安定のために個人が集団となって協力関係に入ること、その関係の中で生じる恩恵に対して各人の正しい取り分を規定することを要求する。しかしそれ自体は、そこで求められる協力関係を世界中の人びと全てを包含した関係として構築すべきなのか、複数の関係性の並立として構築しその上で集団間の関係を新たに築くべきなのか、といった点について、どちらか一方のみを支持する根拠を何も与えてはいない(31)。

前節で扱ったイピの整理の難点はここにある。つまり、コスモポリタニズム的な理想理論と国家主義的な非理想理論という整理に拠って立った場合、国家主義のグローバルな正義の理想が個人を対象とした分配的正義の理想として成立する、という点が見過ごされてしまう。イピの議論においては、コスモポリタニズムの原理へのコミットメントが先取りされ、そうした原理が実現されるよう現実世界を変革していくための装置として、諸国家ならびに特別な成員間関係の道徳的意義が強調されている。しかしながら、そもそもの原理において実現可能性への配慮と無関係に二つの立場が対立している以上、国家主義の立場に対して、コスモポリタニズムのゴールに向けて自らの拠って立つ制度的関係そのものを変革していくべき根拠が、実際のところは何も示されていない。それゆえ、コスモポリタニズムと国家主義双方の利点を有するようにも見えたイピのグローバルな正義構想は、コスモポリタニズムの理想理論にとっては諸国家等の道徳的な重要性を踏まえた非理想理論が構築されることが必要であること——偶然的に成立した境界線、一定の人びとの間の特別な愛着といったものを道徳的に恣意的なものとみなして正義の理論から完全に捨象すべきではないこと——を強調したものに留まってしまっている。

もちろん、国家主義の理想が成立するということは、コスモポリタニズムの理想が自動的に否定されるべきだということを意味するものではない。このことは、正義の情況の中に「分配的正義を実際に追求していくことができること」といった条件が付加されたとしても同様である。たとえばD・ミラーは、比較によって成り立つ（comparative）原理に関する正義においては次の三つの条件、分配の対象となる単一の母集団を形成する確定した成員からなる境界線を持つ社会であること、人びとに対しての影響力が追跡可能で明確な一連の制度を有していること、そうした制度を変革していくことのできる行為主体が存在すること、が社会正義の情況を定める前提となると述べている（D. Miller 1999: 4–6）。これらは、人びとが分配的正義の枠組みに実効的に参与するために必要な条件を指し示したものであると考えられる。その上で彼は、そうした条件を備えていない正義としてグローバルな正義を理解し、国内社会を主題とする社会正義とそれとの関連性を検討していくというスタンスを取っている（D. Miller 1999: 245–265）[32]。しかしながら、こうした具体的な制度や明確な行為主体がグローバルなレベルにおいて現時点では存在しないことを受け入れたとしても、それによって、理想として一つの制度的関係を構築していくべきだ、というコスモポリタニズムの理想そのものの不適切さを示すものとはなりえない[33]。コスモポリタニズムの論者にとってみれば、グローバルな分配的正義を実行していくために必要とされる具体的な制度機構、適切な行為主体が現時点で存在しないという事態は、かえってこれらを構築していくこと、そのための義務が存在するということを示したものと受け止めることができるだろう。

本節の内容をまとめよう。人びとの間に分配的正義の確立を必要とさせる大前提となる条件——正義の情況——からは、結局のところ、コスモポリタニズム的なグローバルな分配的正義も、国家主義的な各国国内における分配的正義のどちらも、理想とする状態としては同じように描いていくことが可能である。そうであるからこそ、全世界の人びとを分配的正義の枠組みに包含していく上で、制度的関係はどのようにあるべきなのか、単一のものとしてあるべきなのか複数の並列としてあるべきなのか、という問いに関する根本的な対立が残り続けることになる。そこで、個人が分配的正義の枠組みに包摂されることの必要性や、それが実際に行われることの重要性を強調するだけでは、一方の正義構想が他方の正義構想と比べてより望ましいものである、といったことを論証することはできない。

4　二つの理想とありうる非理想理論

前節での議論は、コスモポリタニズムと国家主義の双方とも正義に適った「理想的」な世界の状態を想定している理論である、ということを示すものであった。それでは、しばしばコスモポリタニズムの正義構想には欠如しているとみなされ、国家主義の正義構想の重要な利点とみなされることのある、「現実的」という表象についてはどう考えるべきなのか。本節では、二つの正義構想が示唆するだろう非理想理論を検討していく中で、どちらの立場の非理想理論においてもその内容次第によっては、それぞれの構想する分配的正義の前提条件となる制度的関係を現実のものとしていく上で道徳的な困難を抱えることになること、その意味でユートピア的な正義構想――道徳的に到達不可能な正義構想――となりうることを明らかにしていく(34)。

4-1　コスモポリタニズムの非理想理論とその課題

はじめに、コスモポリタニズムの理想と現実世界との乖離を確認することで、そうしたコスモポリタンな理想の実現に向けて必要とされる非理想理論（移行期の理論）を特徴づけ、その難点を見ていく。前節で見てきたように、コスモポリタニズムの理想理論は、グローバルな一つの制度的関係をもって人びとの分配的正義を考慮するものであると考えられる。その場合、そうした状態と乖離した現実世界の状況——国家に相応するグローバルな制度の欠如やそれを支持する全世界の人びとの連帯感の欠如——が、コスモポリタニズムの正義構想にとっての非理想的な状態として理解されることになる（Gilabert 2008: 422-431）。そして、今ここにあるそうした現実の状態そのものを変革していくための道徳的な行為指針の提示が、コスモポリタニズムの立場からしても重要な課題となってくる。そこでコスモポリタニズムの正義構想からすれば、次のような正義の義務を含んだ非理想理論を案出することができる。

コスモポリタニズムの非理想理論：分配的正義の範囲を各々に限界づけることになっている複数国家という現状を、一つの分配的正義が適用されるグローバルな制度的関係に変更していく義務

これは、コスモポリタニズムの分配的正義の前提条件（世界中の人びとを包含する一つの制度的関係）を、それが不在の状況の中で構築していくべき義務を規定した、コスモポリタニズムの移行期の理論の一つである。

こうしたコスモポリタニズムの非理想理論に対しては、しばしば実現可能性に関しての嫌疑が投げかけられ、それをどう考慮するのかが一つの論点となってきた[35]。先に見たイピの議論はまさに、従来のコスモポリタニズムが直面していたそうした課題を各国家という制度をあえて道具的に用いることで克服していこうと試みる、グローバルな正義構想を提示するものであった。

しかしながら、この実現可能性だけが課題の全てであるとみなすべきではない。現実に実行可能なのかどうか

という問いとは別に、正義の理論の一部としての非理想理論においては、そこで提示される行為指針が道徳的な瑕疵を負うことがないかどうか、道徳的なコストをいかに乗り越えるのかが問われなければならない。つまり、正義に適った状況に至るまでの正義に適った道筋——道徳的な到達可能性（moral accessibility）——が、コスモポリタニズムの非理想理論においても示されなければならない[36]。

この道徳的な到達可能性に関する問いと実現可能性に関する問いとは、明確に区別される。なぜなら、理想の前提にそぐわない不都合な条件そのものを改善するという、移行期の理論の目的の達成にのみ目を向けてみた場合、たとえ道徳的な道筋を実際に通っていかなったとしても、正義に適った状況という理想が実現されることは十分ありえるからだ[37]。これはつまり、道徳的な到達可能性は正義の実現可能性の必要条件とは必ずしもならない、ということを意味する。

この道徳的な到達可能性に関連しては、国家主義の立場に立つネーゲルが重要な問題点を提起している。彼は、グローバルな分配的正義論への反論を展開した論文の最後で、正義を実行する政治的権威の確立が現実においては不正義という道筋を通ってもたらされる、という点に注意を喚起している。

先行する正統性の要求への応答として政治的権威は確立されるべきであると、理論においては考えられている。ところが、私の考えるところ、これは実践において起きそうにはない。……不正義で正統ではない政体は、正統で民主的な進歩にとっての必要不可欠な先駆者である。なぜならば、抗議の対象となり、破壊を伴わずに違った方向に変革されていくことになる集権的な権力をつくりだすのが、こうした政体だからだ。こうした理由によって、何らかの形態のグローバルな正義に向けての最もあり得そうな道筋は、現今の最も強力な国民国家の利害関心に寛容な、明らかに不正義で正統ではないグローバルな権力構造の創設を通した

ものとなると、私は考えている。(Nagel 2005: 146)

ネーゲルの指摘は、コスモポリタニズムの理想と合致する国境なき世界が現実に実現する見込みが低いといったことを指したもの (Brown 2002: 184) ではないし、どのような内容であれグローバルな正義が実現不可能であるという主張でもない。また、こうした制度によって正義を実現していく中で、エリート支配が必然的に生じてしまうといった批判 (Kukathas 2006) でもない。これは、正義／不正義が問われることとなる制度的関係そのものは、歴史上、正義に適った形で生じてきたことはなかったという指摘であり、それゆえ、これから新たな制度的関係を構築していこうとするのならば、それは (有力な国家の意向を不適切にもより多く反映してしまうといったような) 不正義な形でしかなされない、ということへの懸念である。つまり、制度的関係の欠如という状況から、正義の主題となる制度的関係そのものを構築していくという移行の段階における不正義が、ここで問題化されている。

国家に相応する制度が欠如していると想定されるグローバルな正義の文脈において、これは、「アナーキーから正義に至る道筋は、不正義を通らなければならない」(Nagel 2005: 147) といったことを意味する。このグローバルなレベルの移行における不正義とでも呼ぶべき問題は、先に挙げた形でのコスモポリタニズムの非理想理論の適切さに深刻な疑問を生じさせることとなる。(38) というのも、グローバルな分配的正義を実現するために必要となる制度的関係の再編成――複数の並立する制度的関係から一つのグローバルな制度的関係へ――もやはり、不正義を迂回して実現することはできそうにないからだ。

もっともここで言う不正義とは、グローバルな制度的関係が既存の権力者、強力な国家に有利なように形成されてしまうといった、ネーゲル本人が想定しているものとはいくぶん異なる。(39) ここで問題としているのは、コスモポリタニズムの理想を唯一妥当な理想として全ての人びとに押し付けて、それに向けた移行を強制してしまうという不正義である。コスモポリタニズムの非理想理論が、複数国家という現状そのものの根本的な変革を要求するのならば、それは、そうした制度的関係の現状の並立状況に即した、国家主義の理想を否定していくことを意味する。しかし前節で見てきたように、コスモポリタニズムの正義構想も国家主義の正義構想も、個人にとっての分配的正義の必要性という観点からすれば共に成立する理想理論を提示している。そうである以上、当の対立点となっているコスモポリタニズムの理想を唯一望ましいものとして掲げることによって、それに向けての制度的関係の変革を正当化することはできない。その結果、そこでの変革は、国家主義の立場のいわば強制的な改宗を否応なく迫るものとなる。つまり、複数の並立する制度的関係から一つのグローバルな制度的関係に向けての変革を促す非理想理論は、その道筋を、同じ前提――正義の情況を踏まえた分配的正義の必要性――を共有しているものの異なる理想を抱いている立場の人びとに対して、道徳的な正当化をすることなく強制してしまうがために、不正義を内に含んだ非理想理論であると判断せざるをえない。

それゆえ、先に挙げたような非理想理論を伴うコスモポリタニズムの正義構想は、その目的となる理想的な状態に向かうための道徳的な行為指針として、正義に適って到達可能な道筋を示したものとはなっていない。もしもコスモポリタニズムの正義構想に対して、「今ここにある現実を前にするのならばコスモポリタニズムの理想は実現できないし、それゆえ目指すべきでもない」という批判が投げかけられたとするのならば、それに対してコスモポリタニズムの論者は、「そうした現状における実現可能性という制約を理想そのものの望ましさを貶める根拠として見なす必要はないし、今あるそうした制約そのものも新たな制度構築によって変化させることができる」と答えることもできるだろう。あるいは、完全に実現不可能であると証明されていない以上、コスモポリタニズムの論者はそれに煩わされる必要はないと抗弁することもできよう（Valentini 2011a: 41-42）。しかし、ここで想定した非理想理論のように、道徳的な到達可能性における困難さが真剣に考慮されないのならば、そうした非理想理論を提示するコスモポリタニズムの正義構想は、理想の現実化に何ら関心を寄せていない、ユートピア的なものとなってしまうだろう。

4-2　国家主義の非理想理論とその課題

コスモポリタニズムの理想に沿った非理想理論が、ともすれば現実と大きく乖離したユートピア的な内容を含むことになってしまうとするのならば、国家主義の理想に沿った非理想理論はそうした事態を上手く避けていくことができるだろうか。国家主義の理想は、先に見たように、各国家として並立する複数の制度的関係に沿って分配的正義を規定していくというものであった。当然ながら、今ここにある現実世界が主権国家体制から成り立っているとみなせるからといって、国家主義の理想が実現されているということ、グローバルな正義はすでに達成されているということにはならない。分配的正義に適った制度的関係に十分に参与できていない人びとが多くいるという今ここにある現実が、国家主義の非理想理論にとっての出発点となる。

そこで国家主義の非理想理論は、そうした現状の克服を要求する次のような義務を意味することになる。

国家主義の非理想理論：分配的正義の枠組みに世界中の個人が参与できるよう、正義に適っていない当該諸国の制度を変革していく義務

これは、各国家という複数の制度的関係の並立を前提としつつも、分配的正義を追求していくための条件が比較的に整った国家がある一方で、そうした条件に恵まれていない国家も他方で存在することを認め、そうした国家

に住まう人びとが依然として多数であるという現状を踏まえたものである。そこでは、分配的正義を十分に追求していくことのできない当該国家の制度変革にあたって、他国もまたそうした動きを支える義務があると規定することで、各国の自助努力を越えた現状の変革が目指される。そのためこれは、国家主義の立場からのグローバルな正義の移行期の理論であるといえよう。

こうした国家主義の非理想理論は、先に見たコスモポリタニズムの非理想理論と違って、複数の制度的関係をいかにして一つの制度的関係に統合していくべきなのかという課題に悩まされる必要はない。そうした特徴もあって、より現実の状況に即した道徳的行為指針が提示できていると理解されるかもしれない[40]。

しかしながら、そうした課題を避けるかわりに国家主義の正義構想は、コスモポリタニズムにおいては考慮する必要のない、別の問題に直面してしまっている。それは、並立する複数の制度的関係の間、つまり国家間関係と、国家主義の理想である各々の国内的な分配的正義の追求とを、どのように関連づけていくべきなのかという問題である。

そして、それに対しての応答次第では、今ある世界の現状から出発する「現実的」な国家主義という印象は疑わしいものとなってくる。たとえば、各国における分配的正義の追求を妨げることのないように国家間相互の関係性を構築していくことが、国家主義の理想と合致したものであるとしよう。その場合、そこから導出される国家間関係の非理想理論は、分配的正義の追求が現時点において妨げられている国々の制度変革のための手助けのみならず、分配的正義の追求をくじいてしまうことになりかねない国外からの多大な影響力が当該国家に対して及ぼされることのないよう、国家間の関係性を構築し直していくことを要求するものとなる[41]。しかしながら、そうして描かれる国家間関係――国内的に大きな影響力を保持した各国制度と、それに比べて小さな影響力しかもたない各国の相互関係――はまさに、現代の世界と大きく乖離しているとしてコスモポリタニズムの論者がつねづね批判してきた想定そのものである（Pogge 1994: 213-214; Buchanan 2000: 703-707）。

そこで国家主義の非理想理論が、グローバリゼーションと表現される現代の世界から、相当程度の独立性を保持し相互依存に乏しい複数の国家からなる世界へ向けての変革を要求することになるのならば、コスモポリタニズムの非理想理論に向けられていた疑念が今度は国家主義の立場に対して投げかけられるべきものとなる。すなわち、そうした移行は国家主義の理想を先取りすることではじめて正当化可能なものとなるが、国家主義の理想と同じくコスモポリタニズムの理想も成立する以上、そのような先取りをすることはできない。国家主義の理想もまた、対立する正義構想を根拠無く否定して強制的な変更を促してしまう、不正義を含んだ非理想理論に陥る危険性を帯びている。

その上、複数の制度的関係でそれぞれまとまることを理想とする、国家主義が抱え込むことになる課題はこれだけではない。分配的正義に適った制度の構築が妨げられている国々に対しての働きかけを行う義務を負っている他国もまた、自国内における分配的正義の実現とそのための制度の改善ならびに維持という義務を、自国の成員に対してそれぞれ負わなければならない。そうである以上、自国と他国のどちらにおける分配的正義の実現を優先していくべきなのかという優先性の問題が、国家主義の非理想理論に対して否応なく突きつけられることになる。自国の成員への特別な配慮から、自国で抱かれている分配的正義の理想のさらなる実現ないし理想に近い状態の維持を優先すべきなのだとすれば、他国における制度構築に大きな支援が行われると期待することは、決して現実的な想定であるとはいえない(42)。

以上で見てきたように、国家主義の非理想理論もまた、その前提となる理想理論に由来する困難な課題に直面してしまう可能性を秘めている。特にそこで、今ある世界の現状を反映しているとは到底みなせない、国家間の相互依存による影響力の相当の低減が求められるのならば、そして各国の分配的正義の追求における優先性の問題に対しての適切な指針が示されることがないのならば、そうした内容の非理想理論を含む国家主義の正義構想もまた、先に見たようなコスモポリタニズムの正義構想と同様に、道徳的な到達可能性を十分に考慮していないユートピア的なものとなると言わざるをえない。

5 結論

本章では、現実主義的な国家主義と理想主義的なコスモポリタニズムという理解に対して疑問を呈し、正義の情況に立脚した理想理論と、それに向けた移行のための道徳的指針を提供する非理想理論の区別を用いてその妥当性を検討してきた。本章における結論は、どちらがより理想主義的であるとか現実主義的であると一義的に判断することはできないという、消極的なものである。つまり、どちらの正義構想も、理想理論として成立するという意味で望ましい理想を提示しており、道徳的に到達可能な道筋を示すことができないかもしれないという意味で非現実的――ユートピア的――なものになりうる。

このことは結果として、コスモポリタニズムと国家主義というグローバルな正義をめぐる対立軸において実現可能性への考慮は実のところ重要な要素となっていない、ということを意味している。実現可能性の制約は、共有する観念（自由で平等なものとしての個人の尊重というリベラルな観念）を受け入れている論者に対して、それを考慮することによって国家主義の立場を採用させ、無視することによってコスモポリタニズムの立場を採用させるといったような決定要因とはなっていない[43]。またこの制約は、それを真剣に考慮することによってどちらか一方の正義構想の道徳的な好ましさを論証することができるといったような、比較考量において鍵となる役割を担っているわけでもない。確かに、正義の理論、道徳理論全般において実現可能性をいかに考慮すべきなのかという点に今まで以上に多くの注意は払われるべきだろうし、コスモポリタニズムと国家主義それぞれの正義構想内でこの制約とどう向き合うべきなのかを探究していくことは重要である。(44) しかし、この二つ立場の論争軸を理解し、評価を下していくという作業においては、実現可能性の有無を重要な点とみなす必要はない。

とはいえ上記の結論は、コスモポリタニズムと国家主義のいずれの立場も、適切な非理想理論を案出していくことはそもそも不可能である、ということを意味するものとはなっていない。本章で検討した非理想理論における困難な課題を回避する形で非理想理論を構築していくことは、十分に可能であろう。たとえば国家主義においては、自国における分配的正義の追求を後回しにして他国の制度変革に向けた働きかけを優先する、国家間の相互依存の低減を必要としない非理想理論を案出していくことは可能である。コスモポリタニズムにおいても、複数の制度的関係の並立状況から出発し、その根本的な変革を志向することなくコスモポリタニズムの理想を実現する道筋を提示していくことができるかもしれない。だからこそ、グローバルな正義をめぐる二つの正義構想それぞれの望ましさは、無差別に成立しうる理想理論にではなく、適切な非理想理論を提示することができるのかどうかという点にかかってくるといえよう。

そこで続く二つの章では、そうした内容を持つとみなされている非理想理論を展開している国家主義とコスモポリタニズムそれぞれの議論——ロールズの「援助の義務」とT・ポッゲのグローバルな消極的義務論——を検討し、それぞれの議論が理想に向けての移行期の理論として成功しているのかどうか、失敗してしまうとするのならばその要因は何なのかを探っていく。

第二章　国際的な援助の義務の優先性と J・ロールズの「援助の義務」

第二章では、前章で投げかけられた問い――グローバルな正義構想についての規範的評価においては、目指されるべき理想の実現に向けて何がなされなければならないのかを示す「移行期の理論」としての非理想理論が重要となってくる――に対する、国家主義の側による応答を検討していく。ここでは特に、ロールズの援助の義務を取り上げる。この義務は、世界中の個人が分配的正義の枠組みに参与できるようにするために国家主義においても必要とみなされる、他国における最低限の権利保障や正義に適った制度的構築に向けての働きかけに関するものである。本章の検討課題は、非理想的な条件下においてそうした義務の履行を率先してなすべき優先性が、援助の義務の議論に内在しているのかどうかを明らかにすることである。ロールズ自身の記述ならびに考えられる擁護論の批判的検討を経て、本章では、彼の議論そのものではこうした優先性の課題の克服が困難であること、その欠点を補うためには、グローバルな正義と国内的な社会正義を連関させる形で構築していく必要があることを論じていく。

本章は、国際的な援助がいまだ十分になされていない現状について、規範理論の立場からどのように応答できるかを検討する。それは、国境を越えた正義という観点からすれば、そうした正義の義務の一つである国際的な援助が各々の国内社会における社会正義の実現よりも後回しにされているという状態、つまり国際的な正義の義務の非遵守という状態を問題とする。本章では特に、J・ロールズの『諸人民の法』における援助の義務論に対する批判的検討を手がかりとして、国際的な援助の義務に高い優先性を付与するためには何が必要となるのかを考えていきたい。

最初の第1節において、国際的な援助をめぐる現実の問題と理論における問題を概観する。次の第2節で、ロールズの援助の義務の内容を確認し、その特徴を明らかにする。続く第3節では、この援助の義務の履行に高い優先性が付与されるのかどうかを検討する。そこでは、その優先性を導出する三つの論拠（「政治家」の理想、世代間正義論からの類推、援助対象の拡大解釈）を検討し、いずれの根拠づけも失敗してしまうことを明らかにする。最後に第4節において、以上の検討の結果を考慮した上で、どのように国際的な援助を考えていくべきなのかを考察する。

1　問題の所在

1-1　国際的な援助の現状と優先性

はじめに、国際的な援助をめぐる先進諸国の取り組みの現状について、簡単ではあるが確認する。序章の冒頭でも触れたように、今ある現実として、グローバルな不平等は巨大である。その不平等の最下層として、いまだに数多くの人びとは絶対的貧困に苦しんで生活を送っている。そこでも言及したように、こうした現実を改善すべく、二〇世紀の終わりからこれまで、世界中の絶対的貧困の半減をはじめ数々の目標を据えたMDGsの達成が世界的に取り組まれてきた。この半減目標が二〇一五年の目標期限内に達成できたという点は、喜ぶべきことであろう。とはいえ、それはあくまで半減であり、根絶ではない。だからこそ現在、SDGsの中で改めてこの根絶が目標として掲げられ、二〇三〇年までの達成が求められている。つまり、世界の現状は、世界中の人びとの一定水準の基本的ニーズの充足というグローバルな理想としての目標においてはすでに確固とした合意がなされており、その目標の達成に向けてはさらなる努力が必要とされている、といった状況にあるといえよう。

それでは、こうした目標達成に向けて、現状の先進諸国は十分な取り組み、努力をすでにしていると断言できるだろうか。「援助をすべき側」とみなされる先進諸国の集まりである開発委員会（ＤＡＣ）の加盟国による、「政府開発援助（ＯＤＡ）」の実績状況を見てみると、かえってその取り組みの不十分さを見て取ることができる。[45] このＯＤＡをめぐっては、ドナー国のＧＮＩ（国民総所得）比〇・七％の拠出が国際目標として認識されているものの、その水準に適うＯＤＡの提供は長年にわたってなされていない（OECD 2016）。直近の報告書を見てみても、この水準に達するＯＤＡを二〇一六年度に拠出している国は、加盟国二九ヵ国中、ノルウェー、ルクセンブルク、スウェーデン、デンマーク、ドイツ、イギリスの六ヵ国であり、全体としての平均はＧＮＩ比〇・三二％となっている（OECD 2017）。[46] このような、合意された理想としての目標と公式な援助実態という現実とのギャップは、長年にわたって「なされるべきことがなされていない」という、非遵守の常態化を多くの先進諸国が事実上是認してしまっていることを意味している。

どうしてこの非遵守の常態化が放置され続けてしまっているのかという、経験的な問いを本書で扱うことはできない。その代わりにここでは、非遵守を正当化しうる根拠の一つに焦点を当て、そこから現状を眺めてみたい。その根拠とは、限りある（金銭的そして人的）リソースを用いるにあたって、他国の事情よりも自らの国内事情への取り組みこそが優先されるべきである、というものである。これを国際的な援助を後回しにするという、援助の優先性問題と呼ぼう。

世界の中で富をより多く享受し、有利とみなされる先進諸国においても、様々な国内問題をそれぞれ抱えているということは現実において当然のことである。遠く離れた見知らぬ人々の困窮を救うためよりも、自国の市民の困窮や市民間の格差を縮減させるためにリソースを費やす方が望ましいと先進諸国の市民が考えるとき、この援助の優先性問題は生じてくる。他にも、グローバルな経済危機や金融不安といった越境的な問題群は、発展途上国の人びとのみならず、先進諸国の市民の生活にも重大な影響を及ぼす。そこでは国内の経済の立て直しが優先的に目標とされるべきであって、たとえわずかな額であっても対外援助は後回しにされるべきものと考えられるかもしれない。こうした越境的な問題群においてもやはり、援助の優先性問題は生じうる。

言うまでもなく、各国の国内事情にかかわらず、一定の割合の国際的な援助を行い続けることは十分可能なはずである。そうである以上、ＯＤＡの実績実態に代表される、援助の目標と非遵守の常態化という現実とのギャップを、援助の優先性問題を現実の先進諸国の多数が抱えてしまっているという事態である、とみなすことができるだろう。

そしてこの援助の優先性問題こそが、規範理論で扱うべき課題であるとみなすことができる。というのも、そうした援助への非遵守を正当化するにあたって、先進諸国の市民は、「各国はそれぞれ自国の成員に対して特別な配慮を払うべきだ」という、形式的には普遍的な道徳的根拠を持ち出すことが可能であるからだ。援助への非遵守が、単なる利己的な関心や援助の非効率性にもとづいたものであったのならば、そうした利己性を非難し、効率的な援助方法を模索すればよいだけであって、改めて規範理論の課題として設定する必要はない。正当化の根拠が、自国における社会正義の実現という道徳的なものであり、それは全ての諸国に妥当するという意味で普遍的なものであるからこそ、同じく道徳的に意義ある援助の履行との関係性が考察されなければならない。

１－２　規範理論における国際的な援助とその優先性

それでは、この援助実践をめぐる世界の現状、援助の優先性問題に対して、グローバルな正義論を含む規範理論はどのように取り組んできており、そしてここで改めて論じる必要性はどこにあるのだろうか。この問題は規範理論において、いわゆる「同国人の優先（compatriot priority）」に関するものとして扱われてきた。ところがそこでの論点は、同じような苦境に立たされている人を助けるのに際して、同国人を優先すべきなのか（R. Miller 1998）、それとも国境による区別を否定するのか（Arneson 2005）というものであった。しかしここでの問題を、大まかに言って、国外における絶対的貧困への対応としての援助の義務という十分主義的な正義要求と、国内的な相対的貧困にまつわる分配的正義の義務という平等主義的な正義要求との対立と捉えるのならば、内容の異なる二つの正義の間での義務の優先性という問題について、さらなる検討が加えられなければならない。

ただし、その検討にあたっては次の点に留意する必要がある。それは、そもそも同国人に向けた正義と外国人に向けた正義とのいずれの要求を優先すべきなのかという問いは、コスモポリタニズムの立場からすればそもそも問題にはならないということだ。というのも、コスモポリタンな正義構想（ならびにそれに対応するグローバルな理想的制度）をはじめから想定し、各国はその正義の枠内に収まることが最初から見込まれているのであれば、グローバルな正義と国内的な正義との二つの義務は、論じるまでもなく理想的には整合的なものとなるからだ。[47] つまり、コスモポリタニズムからすれば、グローバルな正義とそれとは異質な国内社会における社会正義との対立（ひいては同国人と外国人とを根本的に隔ててしまう線引き）はそもそも存在せず、よって優先性問題も存在しない。仮にそれが一時的な形で現状において生じているとしても、強制力を有したグローバルな制度を理想に据えることで、ゆくゆくは解決できる問題として処理される。そこで義務の非遵守は、たとえ実践的な課題（非遵守者を適切に罰し遵守状況を効率良く達成するための、合理的な制度設計や慣行の奨励方法の探求といった課題）になりえたとしても、規範理論で扱うべき課題とはならないだろう。

しかし現状の世界においては、一方で（望むにせよ望まないにせよ）中心的な強制力あるグローバルな権威が存在しないことは自明の事実である。そして他方で、今あるグローバルな絶対的貧困の根絶が喫緊の課題として越境的に取り組まれていること、取り組まなければならないという規範判断が世界的に共有されていることも、先に述べたようにすでに現実の動きの一つである。だからこそ、現状の世界における国家間の関係に規範的に応答するような、ある社会が他の社会に負っているユニット間の国際的な義務として、その優先性や非遵守の問題を取り上げる必要があるといえる。

このように、現今の課題を国際的な援助の義務とその優先性とみなした場合に恰好の素材となるのが、ロールズの『諸人民の法』における、国境を越えた正義の一原理としての援助の義務である。前章でも述べたように、国内的な社会正義とグローバルな正義との関係性は、国家主義の正義構想が特に直面する課題であり、彼の援助の義務もこれに関連している。その詳しい内容については次節で論じるが、絶対的貧困と現実の世界の状況を踏まえた上で大まかに述べるのならば、こうした貧困に苦しむ人びとが属する当該社会の状況、体制を改善することを通じて、世界的な貧困問題を解決することを目指すものである。その意味で、現今の先進諸国の国際的な援助に関する姿勢に合致しているものと考えられている（押村 2008: 一七三―一七四頁）。ロールズの議論の中で援助の義務に高い優先性が付与されているのならば、それを下敷きにして、「国内的な社会正義の追求よりも国際的な援助を優先すべきだ」と主張することが可能となる。それは、援助の優先性問題に対して道徳的な指針を示し、現状の非遵守の状態を改善させるための一助となるだろう。逆に、そうした主張が導き出されないのであれば、そこでの問題点を踏まえた上で、国際的な援助の義務を再考していく必要がある。そこで、ロールズの援助の義務論を立脚点として、国際的な援助の義務と国内社会の正義の義務との関連性、援助の優先性問題を考えていきたい。

2　ロールズの援助の義務

ここではまず、ロールズの援助の義務の内容、特徴を概観し、国際的な援助を考える上での重要な点を確認する。強調すべきは、第一に、援助の義務とは国内的な社会正義を実現させるための条件整備に特に焦点を絞った原理であり、第二に、二つのユニット間、つまり国家間関係に片務的に作用する原理であり、そして第三に、援助の義務の内容が限定的であったとしても、その義務が遵守された世界は、現状とは大きく異なる（第一章で示した）国家主義の理想とも合致する世界となる、という点である。

2－1　援助の義務の対象と目的

先に触れたように、この義務は、国境を越えた正義の原理を意味するロールズの諸人民の法の原理の一つである。そしてこの諸人民の法は、国内社会において何らかのリベラルな政治的構想をそれぞれ共有しているリベラルな諸人民が、他の諸社会や国際社会に対していかに接していくべきかという、「理に適って正しいリベラルな人民の対外政策の理想や諸原理」〔強調点原文〕（Rawls 1999b: 10 邦訳一二頁）に関するものである。そのため諸人民の法は、様々な異なるタイプの社会に対する原理を含むことになる。

ここでの主題である援助の義務は、ロールズが「重荷に苦しむ社会（burdened societies）」と呼ぶ社会に接していく際に持ち出される原理である。この社会は、「拡張主義的でも好戦的でもないものの、良く秩序だった社会となるために必要な、政治的、文化的伝統、人的資本やノウハウ、さらに多くの場合物質的、技術的資源を欠いている」社会と特徴づけられる（Rawls 1999b: 106 邦訳一五五頁）。それは、対外的には拡張主義的で国内的には人権を尊重しないような「無法国家（outlaw states）」とは異なる社会として捉えられている。どちらのタイプの社会にあっても、諸人民の法の遵守を期待できるような良く秩序だった社会とはみなせない点では同じであるものの、[48]無法国家が諸人民の法を遵守しようとしない社会であるのに対して、重荷に苦しむ社会は遵守ができない社会として区別されている。

こうした区別は、それぞれの社会へのアプローチの違いとして反映される。無法国家に対してリベラルな対外政策の原理として求められるのは、こうした社会に抗するための自衛の必要性や遵守をさせるための介入といった、強制的な政治権力の行使に関するものである。重荷に苦しむ社会に対して求められるのは、どのようにして遵守を見込めるような社会にするかという条件づくりに関するものである。強制的に介入してよい十分な理由をそこに見出すことのできない社会に対して、リベラルな人民（さらには非リベラルであっても良識ある（decent）人民）の立場から考えられる義務が、援助の義務である。

それゆえ、援助の義務の目的は、諸人民の法の遵守を不可能としているような当の悪条件を除去し、重荷に苦しむ社会を遵守の期待できるような人民とすることにある。「……援助の義務の目的は、重荷に苦しむ社会が、自らの社会に関わる問題を道理的にも合理的にも解決できるようになり、そうして良く秩序だった諸人民からなる社会の一員となるように手助けすることである」（Rawls 1999b: 111 邦訳一六二頁）。

まとめるならば、ロールズの援助の義務とは、リベラルないし良識ある人民から重荷に苦しむ社会という特定のタイプの社会へ向けての、特殊なユニット間の正義の義務である。そしてその義務の目的は、当該社会を正義に適ったないしは良識ある社会（人民）にすること、そのための条件整備にある。

2-2 援助の義務に関する三つの指針

以上のような目的をもった援助の義務を実行するにあたって、ロールズは三つの指針を提示している（Rawls

1999b: 106–112 邦訳一五六―一六三頁）。第一の指針は、ある社会の制度が正義に適ったものとなる上で、その社会の経済的資源や富の豊かさは必要条件でも十分条件でもないというものだ。そのため援助の義務の履行は、たとえ場合によっては必要とされたとしても、富裕国から貧困国への単純な富の移転のみではなしえない。

第二の指針は、援助の目的の達成にとって、援助を必要とする当該社会の国内的な政治文化が重要だというものだ。言い換えるならば、ここでの当該社会の政治文化の成熟が目的達成のための必要条件であるということになる。そしてこの政治文化を成熟させるための手助けとなる、明確で決まった手段を特定することはできない。このように、援助の目的達成にあたって当該社会の政治文化という国内事情が根本的なものである以上、他の社会がなしうることは限定的なものに留まらざるをえない(49)。

第三の指針は、援助の目的が達成されたのならば、それ以上の援助は義務として要求されないというものだ。前項で見たように、援助の義務の対象は重荷に苦しむ社会であって、他の諸人民（それが相対的に貧しい社会であったとしても）ではない。このように援助の義務に明確な終着点があることは、援助をする側のみならず援助をかつて必要とした側にとっても、その社会の政治的自律という観点から重要なものであるとされる（Rawls 1999b: 118 邦訳一七三頁）。

これら三つの指針は、先に述べた援助の目的と合わさって、ロールズの援助の義務とグローバルな分配的正義の原理との問題領域が極めて異なったものである、ということを示している。グローバルな分配的正義とは、前章にてコスモポリタニズムの理想理論として定式化したように、世界中の財の分配状況（狭義には経済的な財の分配状況）を規定するグローバルな制度的枠組みに対する個人の観点からの正義を意味し、そこでの原理は国内社会における正義の原理と同様なもの（たとえばロールズの正義の二原理、中でも格差原理）であると考えられる(50)。しかし援助の義務は、異なる集団的なユニット間に関わる国際的な正義の一方向的な原理の一つである。さらにそこでの援助は経済的な財の再分配を必ずしも意味するものではなく、その義務は終着点をもつ限定的なものである。ロールズ自身はこの二つの原理を比較した上で自らの立場を擁護する議論を行っているものの（Rawls 1999b: 113-120 邦訳一六五―一七六頁）、両原理の問題とする領域をしっかりと区別した上で、援助の義務の意義や問題点を考察していかなければならない。

2-3　国際的な正義の一原理としての援助の義務の意義

以上のように、極めて限定的で特殊な目的を持つ国際的な正義の義務として、援助の義務はどのような意義をもつのだろうか。現状の世界の状況（発展途上国において絶対的貧困に苦しむ人びとがいまだ多数いるという現状）を踏まえた上で、三点ほど指摘したい。

一つは、重荷に苦しむ社会をターゲットとする援助の義務は、絶対的貧困に苦しめられている現実世界の多くの発展途上国を援助の義務の対象としてみなしうるという点である。というのも、現実に援助を必要とする社会を、無法国家と重荷に苦しむ社会のいずれかに明白に区別することはそもそもできないからである。様々な悪条件によって政治文化の成熟や社会的制度の整備が進まず、それによって国内的な人権抑圧や対外的な拡張主義的行為に走るといった事態や、その逆の事態は大いに考えられる。私たちはしばしば、当該社会の政治的事情によってその国の人びとが貧困に苦しんでいるのを見るとき、この社会の政治体制のみが問題なのであって、私たちや他の社会がこの事態に慈善以上の何らかの義務を負っているとは考えないかもしれない。しかしこうした社会を、貧困を放置している社会としてではなく放置せざるをえない社会としても描けることを踏まえるのならば、そこに国際的な援助の義務が存在するということを、ロールズの援助の義務論は示唆しているといえる。

次に、援助の義務は永続的な絶対的貧困の根絶を狙いに含むものであるという点があげられる。先に見たように、援助の義務は重荷に苦しむ社会が政治的に自律した人民になることを目的とするものであり、絶対的貧困の一時的な解消を目指すものではない。こうした貧困問題が（自然災害のような特殊なケースを除けば）そもそも生じないような社会をつくることが、援助の義務の含意としてある。

最後に、援助の義務の有する限定的で明確な終着点という特徴が、この義務の遵守を容易ならしめているという点をあげておきたい。先進諸国から発展途上国への援助はしばしば、終わることなく続く経済的資源の移転の動きであると、人びとに受け止められてしまうかもしれない。特にその狙いをグローバルな不平等、先進諸国と発展途上国の格差それ自体の根絶とみなした場合、その実現は不可能であると考えられ、よってそれへ向けての義務を履行することはできず、それゆえそうした義務はそもそも存在しないとみなされてしまうかもしれない。しかし援助の義務は、正義に適っていない状態から正義に適った状態へ向けての「移行期（transition）の原理」〔強調点原文〕（Rawls 1999b: 118 邦訳一七三頁）の一つであり、ある段階に至れば何も要求することのなくなる義務である。それは、ある社会と他の社会との間の永続的な関係に作用する原理ではない。援助を必要とする社会の永続的な絶対的貧困の根絶をその内に含みながらも、それに向けての他の社会への要求は限定的で一時的な点で、ロールズの援助の義務は十分かつ適度な義務であるとみなされよう。

以上をまとめるならば、ロールズの援助の義務は、多くの発展途上国をその義務の対象とみなし永続的な絶対的貧困の根絶を目的に含みながらも、そこで先進諸国に求められる要求は限定的なものであるという点に意義があるといえる。どのような理想や正義の構想を抱くにせよ、今ある現実世界から出発せざるをえないことを踏まえるのならば、ロールズの援助の義務は国際的な正義の特殊な一原理として、実現可能で望ましい状態への一つの指針を与えているといえよう。

ところが、現状の世界における先進諸国は、この比較的遵守が容易にみえる援助の義務に照らしてみても、そこで求められる負担を十分に果たしているとはいえない。こうした状態からいかに脱却するかという指針も示さなくては、「移行期の原理」としての役割を十分に果たしているとはみなせない。それでは、この義務の非遵守という状態に適切に答える論拠は、ロールズの援助の義務論の中に含まれているのだろうか。

3 ロールズの援助の義務と優先性問題

ここでは、ロールズの援助の義務論におけるこの義務の非遵守の問題、国内社会の正義の追求に比べて後回しにされてしまうという優先性問題を検討する。ここでは、援助の義務の優先的な遵守を要求することになるとみなされる、三つの論拠を取り上げるものの、いずれの論拠も不適切なものであることを明らかにする。その結果、ロールズの援助の義務はそのままの形では優先性問題に応答できない、ということを示していきたい。

3-1 「政治家」の役割の重視

まずは、ロールズ自身が示唆している援助の義務に関する非遵守問題への応答を見ていこう。彼は、この援助の義務と戦争の遂行方法における義務とが、諸人民の法の中で最も遵守困難な原理であることを明白に認識している。両原理ともその履行にあたっては先見の明が必要であるし、感情的な反発を受けかねないものと考えられている（Rawls 1999b: 125-126 邦訳一八四―一八五頁）。つまるところ、ロールズにおいて援助の義務が実際に履行されるための障壁は、援助をする側（人民）のされる側（重荷に苦しむ社会）に対する感情的な親密さ、親近感の欠如であるとされる。

そしてロールズの議論においてこの親近感の欠如を埋めるような役割を担っているのが、道徳的な徳性を帯びた「政治家（statesman）」である。

異なる人民間の潜在的な親近感の欠如という事態と闘うこと。こうした欠如の原因が、過去の〔政治家の属する〕国内における制度的不正義や共通の歴史と反目によって受け継がれてきた社会階級観の敵意によって生じたものならば、これを修復するように努めること。それが政治家の役割である。人民間の親近感は、社会全体の制度がより広大な領域や文化的差異を含むにつれて、（人間の心理の問題として）自然と弱まっていく。政治家はこうした近視眼的傾向と絶えず闘っていかなければならない。（Rawls 1999b: 112 邦訳一六四頁）

地理的な距離や文化の差異を横断して作用することを狙いとする援助の義務は、人間の自然的傾向とされるそれらの間の親近感の欠如という現実と向き合わなければならない。もちろんここで問題となっている親近感の欠如は不変なものではなく、人民間の協働によって次第に埋められていくものと考えられている（Rawls 1999b: 112-113 邦訳一六四頁）。そこで政治家の働きは、そのための端緒を開くためにこそ必要とされる。

援助の義務の非遵守という問題へのロールズ本人による応答をまとめるならば、彼はその原因を人民間の、つまりこの義務が対象とするユニット間の親近感の欠如にあると見ている。そしてこの親近感の欠如を埋め合わせるような役割を担う政治家の強調によって非遵守の問題の解決を示唆しているといえる。

こうしたロールズの応答の難点は、彼が政治家という個人の力量に過度に依拠してしまっている点にある。これが、国内社会における成員の基本的ニーズの充足という義務であった場合（親近感の欠如自体はこうした成員間においてももちろん存在する）、その義務の遵守を保障するのは、憲法や法律といった制度的枠組みである。当然ながら、援助の義務を論じるにあたって、こうした強制力をもった制度的枠組みの存在を議論の出発点に据えることはできない。しかし、この制度の出発点における不在という前提を受け入れることはそのまま、そこで生じる問題は結局のところ政治家という個人の行為によってしか解決できない、ということを意味するものでは決してない。

さらに彼の言う政治家は、実際の国会議員や総理大臣といった公職者をそのまま意味するものではなく、それ自体が道徳的な理想である（Rawls 1999b: 97–98 邦訳一四二―一四四頁）。その点で道徳的な政治家は、自己の利害のみを考慮するような「政治屋（politician）」と区別されている。そうである以上、現実の公職者が政治家として振る舞うのかそれとも政治屋として振る舞うのかは、それ自体偶然的なものとなる。理想的ではない現実の状況を踏まえるのならば、ロールズの応答は、道徳的に振る舞うかどうかが偶然的な、公職者という個人に委ねられてしまっているがゆえに、単なる問題の先送りにしかなっていない。それゆえ、現在の国際的な援助の非遵守に取り組むという課題に対して、適切な示唆を与えるものとはなっていない。

3‐2　世代間正義の原理からの類推

次に、国内社会における先行世代と後続世代というユニット間の正義の義務である、世代間正義の原理との類推から、援助の義務の非遵守や優先性の低さに応答する議論を検討する。周知のようにロールズは、『正義論』において国内的な社会正義の構想（公正としての正義）を展開したのだが、その中には世代間正義が、「正義に適った貯蓄原理〔以下貯蓄原理〕」という形で組み込まれている。[51] これは、ある社会の基本構造を実効的に正義に適ったものにするために必要とされる物質的な基礎のいくつかを、貯蓄という形で規制する、世代間の関係に適用される原理である（Rawls 1999a: 256 邦訳三八八頁）。そこでこの貯蓄原理は、国内的な社会正義の原理において経済的な資源や富の不平等に特に関わる格差原理を制約し、それに優先する原理として位置づけられている（Rawls 1999a: 258 邦訳三九一頁）。

援助の義務も貯蓄原理も共に、あるユニットから別のユニットへの、ユニット間の一方向的で特殊な正義の義務である。[52]つまり、援助の義務は、秩序だった社会である人民から重荷に苦しむ社会への義務であり、貯蓄原理は、先行世代から後続世代への義務である。しかし、両者の類似性はこの形式上のものに留まらない。ロールズ自身も言及しているように（Rawls 1999b: 106–107 邦訳一五六―一五七頁）、両者は正義に適った制度の確立や維持を目的としているという点や、その目的を達成したならばそれ以上の負担を要求するものではないという点、その目的のための手段として経済的資源や富の多くの移転を必須とみなしてはいないという点で、内容的にも類似している。

両原理の多くの類似点を考慮するのならば、貯蓄原理に与えられていた格差原理に対する優先性を、援助の義務の中に見出すことができるかもしれない。こうした可能性を考慮して、ロールズの『諸人民の法』の立場を擁護する議論を展開しているS・フリーマンは、次のように述べている。

ロールズが類似するものとして正義に適った貯蓄原理をあげたことを考慮すれば、重荷に苦しむ諸人民の基本的ニーズを充足する援助の義務は、（正義に適った貯蓄原理のように）格差原理の下での分配上の取り分の決定に先だって満たされなければならないように見える。そこで、重荷に苦しむ諸人民への援助の義務は、格差原理や自らの社会の成員に対する分配的正義の諸義務に対して優先性を持つべきものとなる。このようにロールズは、社会内における分配的正義の諸要求を和らげるような、世界中での基本的な人間のニー

ズの充足に、ある種の重要性を与えているように思える。〔強調点原文〕（Freeman 2007: 441-442）

つまり、国内的な社会正義を追求する中でそれを一定程度制約している貯蓄原理と同様の役割を、援助の義務もまた果たすとみなす議論である。

このように制約的に作用する原理としての援助の義務を、現実世界の国際的な援助の状況に当てはめて考えてみるとどうなるだろうか。その場合、確かに、国内社会における相対的貧困の問題解決を後回しにしてでも、国外的な絶対的貧困の根絶を目指す援助の義務の履行が要求されることになるだろう。フリーマンの主張が正しいのならば、そうした国内的な社会正義の追求を理由とした国際的な援助の後回しは、ロールズの援助の義務論の観点からしても道徳的非難の対象となる。つまり援助の優先性問題は、「諸人民の法」に照らしても不正な事態であり、その事態の改善がまさに優先課題とみなされるべきものとなる。

しかしながら、援助の義務と貯蓄原理との類似性からその優先性を類推する議論は、実のところ上手くいくとは考えられない。というのも、両原理とも異なるユニット間に作用する原理であるものの、一つの社会内における先行世代と後続世代との関係と、異なる社会間の関係とは、類似しているとはいえ決定的な点で異なっているからだ。

まず貯蓄原理においては、先行世代と後続世代は同一の社会に属し、同一の正義の構想を抱くものであると想定されている。「人民の生は、歴史の時を越えて広がっていく協働の一つの枠組みとして考えられる。それは同一世代人たちの協働を規制する、同じ正義の構想によって統治されるものである」（Rawls 1999a: 257 邦訳三九〇頁）。そしてこの共通の正義の構想に従った社会の基本構造を構築、維持すべく、貯蓄原理は導入されている。つまり、貯蓄原理は、先行する社会正義の構想の前提条件の一部（経済的な資源）に関わる原理である。そのため、貯蓄原理によって求められる正義の義務を先行世代が遵守しないということは、社会正義の実現や維持そのものを妨げてしまうことを意味する[53]。当の正義構想自体の実現、維持に関わるものであるからこそ、貯蓄原理はその中で一定の優先性を付与されているのである。

それに対して援助の義務においては、援助をする社会と援助をされる社会とは明白に異なるものであり、同一の正義の構想を共有するものでもない。援助の義務の目的は、他の社会における正義に適った（ないしは良識ある）制度の確立であり、あくまで外側からの手助けであった。そのため援助の義務は、援助をする側の国内的な社会正義の実現や維持に必須のものとはなっておらず、たとえこの義務を遵守しなくても、自国の社会正義が脅かされることもない。

そうである以上、国内的な社会正義と無関係な援助の義務に、貯蓄原理と同様の働きを期待することはできない。自国の社会正義の追求にあたって貯蓄原理の遵守は必要不可欠となる一方で、援助の義務の遵守はそうではないからである。もちろんこのことは、国内的な社会正義の維持という目的から優先すべきとされる、対外的な義務が全く存在しないということを意味するものではない。しかし、対外的な脅威を持つ無法国家とは異なり、分類上は無害である、重荷に苦しむ社会を対象とする援助の義務に対して、こうした優先性を付与することはできないだろう。

3-3　援助の義務の拡大解釈

最後に、援助の義務の扱う領域を広範囲に見積もることで援助の優先性問題に応える可能性を検討していく。援助の義務は先に見たように、様々な悪条件によって妨げられている重荷に苦しむ社会全般を対象とするものであるが、そうした悪条件は当該社会の国内的な事情に限られるものではないだろう。ロールズはその一つとして、貿易をはじめとする社会間の協働、これを規制する国際協働の諸機構によって生じる、分配上の効果を考慮している。「〔諸人民間の〕協働の諸機構によって正当化できない分配上の効果が諸人民間に生じてしまったならば、これらは是正される必要があるだろうし、援助の義務によって考慮される必要があるだろう……」（Rawls 1999b: 43 邦訳五八頁）。これはつまり、国際協働が自由で平等とみなされる人民間の関係を掘り崩してしまった場合、その影響を蒙った社会を重荷に苦しむ社会とみなして援助の義務の対象に収める、という議論である。

もっとも、諸人民は秩序だった理想的な社会であるのだから、他の社会へ意図して直接的な悪影響を与えるものではないし、自らの社会の（自然災害といったケースを別にした）国内事情によって再び重荷に苦しむ社会に陥ることもない、永続的な社会として想定されている。[54] そのためここで障害となる悪条件とは、国際協働の諸機構という、純粋に国外的、国際的な事情によってもたらされるものだと考えられる。

その場合、こうした事態への対応としての援助の義務にもそれ相応の優先性を与えるべきだ、と考えられるかもしれない。というのも、そこでも依然として援助の義務は各々の国内的な社会正義の前提条件に関わるものではないものの、その義務の非遵守は事実上、これらの社会正義の実現や維持を脅かしかねないものとみなされるからだ。これは、（援助をする側であったはずの）諸人民を援助の義務の潜在的な対象に含む、援助の義務の拡大解釈といえよう。

しかしながら、こうした議論によって援助の義務の国内的な社会正義に対する優先性を導き出すことができたとしても、そこで根本的な疑問が生じてしまう。それは、国際協働による分配上の効果に対処するにあたって、どうして一方向的で一時的な援助の義務という形で考慮しなければならないのかという点だ。ここで問題となっている国際協働とは、互いに対等な人民間の相互的な（reciprocal）関係によって形成されるものであり、それは同時に持続的な関係でもある。それに加え、ここでは各々の社会の国内事情が直接的な問題の焦点ではない以上、援助をされる側の政治的自律に配慮した終着点をもつ義務のみが求められるべきだ、と考える必要もない。つまり、相互的で持続的とみなされる関係から生じる悪影響を、そうした関係が崩れた事態においてようやく適用される事後的な援助の義務によって対処すべき理由はまったくない。

実のところ、国際的な分配上の効果に対する上記の配慮の必要性は、援助の義務の重要性ではなく、相互的な関係によって形成される国際協働の公正さそのものの重要性を指し示すものである。ロールズの意図に沿うような形で、この問題を援助の義務の枠組みをもって処理すべきだと考える必然性もないし、それは適切でもない。なるほど上記の配慮の必要性から、国際協働に関する公正さへの配慮を各々の国内的な社会正義の追求よりも優先すべきという主張を導き出すことができるかもしれない。しかしそれは、援助の義務の優先性を導出する主張とはまったくの別物である。

以上、援助の義務がいかにして遵守されるのかという問題、援助の優先性問題を検討してきた。いずれの議論も、援助の義務の遵守に高い優先性を付与することに成功しているとは言い難い。ロールズの援助の義務論は、今ある先進諸国の国際的な援助の非遵守という状態を国際的な正義の義務の非遵守の問題として批判することを可能とするものである。しかしこれだけでは、いかにしてこうした非遵守の状態を改善するのかという場面で直面する、援助の優先性問題に対して、適切な指針を与えることはできていない。むしろ、最後に取り上げたように、援助の義務の当の目的達成に照らしたとしても、援助の義務にだけ頼ることは不十分であるということが、検討の結果、示されたといえよう。

4　国内的な社会正義の延長としての国際的な援助の義務

それでは、現状の非遵守という状態は、ロールズが示唆していたような理想的な政治家、個人の力量という偶然的な要素によってしか解決できないものなのだろうか。あるいは先進諸国の合理的利害という同じく偶然的な要素によってしか解決を期待できないものなのだろうか[55]。前節までの議論を経て、より鮮明になった課題を踏まえた上で、国家主義の理想理論とも整合的なものとなるだろう、一つの応答の可能性を示したい。

まず必要なのは、ロールズの「諸人民の法」に典型的に見て取ることのできる、断続的な想定を捨て去った上で、国際的な援助を考え直すことだ。断続的な想定とは、国内的な社会正義の構想はその社会の対外的な関係を考慮することなく練り上げることができるという想定、国内的な社会正義は他の社会との制度的つながりや国際的な正義とは無関係に実現可能であるという想定である。ロールズの議論に顕著に見出されるように、援助をする側の社会（人民）は国内的に相当程度正義に適った制度を実現しており、その事実は援助をされる側の社会の状況いかんによって左右されるものではなかった。このように特徴づけられたユニット間の一方向的な義務においては、その遵守をユニット内における義務以上に優先すべき理由を見出すことはできない。二つの正義の間の優先性問題を解決できないのは、国内的な社会正義と国外的な関係における正義とがはじめから断続されて構築されているところに、根本的な原因があると考えられる。

しかし、そのような断続的な想定を用いなければならない理由はない。経験的には、グローバリゼーションという言葉を用いずとも、ある社会の国内的な制度やそれに対する正義の構想のありようが何らかの含意を国外的にも持つことは明らかであろう。理論的にも、国内社会の成員間や制度にのみ妥当するような正義の構想を積極的に是認し、国境という境界線が道徳的な重要性を帯びているという立場に立ったとしても、つまり、国家主義の理想理論をたとえそのまま肯定したとしても、国外的な制度的つながりと無関係に国内的な正義の構想を練るべきだと考える必要はない。

　国際的な援助の非遵守という状態に答えていくためには、この断続的な想定を捨て去り、国際社会における自国の振る舞いの正しさと国内的な社会正義とを連続的に考えることが必要となる。そのように捉え直すことによってはじめて、援助の義務を含めた国際的な正義と国内的な社会正義との間で優先性を論じることが可能となる。現状の国際的な援助の目的とされ、国家主義の立場からしても妥当な目標である絶対的貧困の根絶へのコミットメントを放棄する道を選ばないのならば、そうしたグローバルな正義の実現にあらかじめ優先性を付与する形で、（国家主義の立場からすればグローバルな正義と内容的には異なるべき）国内的な社会正義の構想やそれに応じた制度こそが構築し直されなければならない。そこでのグローバルな正義には、前節で論じた、援助の義務のようなユニット間の義務として把握することが不適当な国際協働の公正さへの配慮も含まれるだろう（これについては第五章で関連づけて論じる）。それにつながる形で国際的な正義とそこでの義務、それに応じた国際的な制度的枠組みを考えていく必要がある。

　そのように考えることは結局のところ、現状の先進諸国から発展途上国への正義の義務を、純粋な先進諸国が不幸な発展途上国に対して何かを新たに与えるというような意味での「援助」という形で捉えることが不適切であることを意味する。[56] 豊かな先進諸国から貧しい発展途上国への義務は確かに一方向的なものであるものの、そこでの要求は、与えることによって自らは相応のものを失うという類のものでなく、自らの社会の正義の延長に留まるものなのだ。実際のところ、このように先進諸国と発展途上国とのつながりを違って捉えることによって

はじめて、国際的な援助の義務の遵守は真剣な道徳的考慮の対象とみなせると考えられる。(57)

5 結論

本章では、ロールズの『諸人民の法』における援助の義務論を中心に、国際的な援助の非遵守という問題、国内的な社会正義の義務の前に援助の義務の履行は後回しにされてしまうという優先性問題を検討してきた。ロールズの議論に見られたように、国際的な援助の義務の遵守、非遵守とは別に国内的な社会正義は実現できるという断続的な想定（これは各国社会の国内的な社会正義を第一の主題とみなす国家主義の特徴的な想定でもある）では、この問題に適切に応答することはできない。世界的な絶対的貧困の根絶という、各国における分配的正義の追求にとっても必要不可欠な最低限の理想を捨てずに、それに向けての先進諸国の国際的な援助の義務の非遵守という現実に向き合わなければならないのならば、まずは、自国の社会制度に関する正義を国外的な振る舞いの正しさと連続する形で捉え直すことが必要となる。そしてそこでの振る舞いの正しさとは、本章の第3節第3項で示したように、互いに否応なく関係している国際社会の一員としてのものであることは見逃されてはならない。つまるところ、自国と他国との関係という複数国家という側面のみならず、共通の国際協働の枠組みという一つの世界という側面もまた考慮しなければ、国家主義の理想に向けた非理想理論もまた適切に構築していくことができない、と考えられる。

とはいえ、本章で扱った論点は、各国家という複数の制度的関係を前提とする国家主義の立場が必然的に直面する課題ではあるものの、それは、グローバルな正義構想にとって求められる非理想理論の論点の一つでしかない。特に、グローバルな不正義という現状を肯定しうる論拠、つまり、現状の自国の非遵守を正当化する論拠としては、国内的な社会正義の実現という理由以外にも、同様に遵守しない他国の存在に訴えかける非遵守の常態化という理由も考えられる。次章では、一つのグローバルな制度的関係に着目するコスモポリタニズムの議論が、こうした根拠を前にして、どのようにグローバルな正義の実現に向けた非理想理論を構築していくことができるのか、そうした議論が抱える難点を検討していく。

第三章　グローバルな正義の義務と非遵守

第三章では、コスモポリタニズムの代表的論者の一人であるT・ポッゲのグローバルな正義論を取り扱う。そして彼の議論が、前章とは別の非理想理論における課題――正義の義務への他国の非遵守という状況における自国のなすべき行為――に対してどのような応答が可能であるかを検討する。こうした部分的な遵守、他国の非遵守という状況の中で求められる積極的責務の履行と、グローバルな制度的関係（グローバルな制度的秩序）の不正義を克服するために求められる行動との緊張関係を描くことで、本章では、グローバルな制度的関係への道徳的指針と各国家への道徳的指針との二つを分けて把握することがコスモポリタニズムの非理想理論においても求められる、ということを明らかにする。

絶対的貧困の根絶という理想の一つと、それに向けた義務を果たしていない諸国が多数あるという非遵守の常態化という現実を踏まえた上で、世界の一部、先進諸国の一員としての日本、つまり私たちは市民として何をすべきなのだろうか。この問題関心の下に本章では、世界中の絶対的貧困の問題を、先進諸国とその市民の消極的義務への違反として把握すべきだと主張している、T・ポッゲの議論を中心に検討する。それによって、途上国や他の先進諸国の義務の遵守状況がどうであるかにかかわらず、私たちが果たすべき義務とは何なのかを考察していきたい。

第1節では、世界的な絶対的貧困に対する取り組みの現状や、政治理論における非遵守の問題の取り扱われ方を概観する。次の第2節でポッゲの中心的な主張を確認し、それが非遵守の常態化という現状にいかなる含意を持つかを検討する。そこで消極的義務の議論のみからはそれぞれの先進諸国におけるこの義務の遵守／非遵守が問題化されえないことを示す。その議論を経た上で、第3節で、不正な制度的秩序に対する補償という積極的な責務が、現実の世界において要求されるものであることを確認する。その上で、非遵守のままの他国の存在と積極的な責務との関係性を検討し、そこでポッゲの議論が抱える難点を明らかにする。最後に第4節で、以上の考察を踏まえて、非遵守のままの他国の存在を理由にして拒絶することのできない、私たちがなすべき貢献とは何かを考えていきたい。

1　絶対的貧困の根絶というグローバルな集合的目標と非遵守の常態化

1-1　実現されるべき目標と非遵守の現状

前章の冒頭でも述べたように、現在の世界は、途上国の絶対的貧困根絶に向けた取り組みにおいて、いまだ道半ばにあるといえる。そこでは、先進諸国においても合意されている目標と、そのためになすべき貢献としての援助の非遵守というギャップ、理想と現実とのギャップが存在している。

このギャップは、日本のODA実績において特に顕著である。日本は、一方で、長年にわたってODAへの取り組みを外交の一環として重要視している。二〇一五年に、これまでのODA大綱を改定する形で閣議決定された開発協力大綱にも、以下の記述がある。「全世界の国民が、ひとしく恐怖と欠乏から免れ、平和のうちに生存する権利を有することを確認する我が国は……国際社会の平和と繁栄を希求し、政府開発援助（ODA）を中心とする開発協力を通じ、開発途上国の開発努力を後押しするとともに、地球規模課題の解決に取り組んできた。……我が国の長年にわたる地道で着実な歩みは、国際社会において高い評価と信頼を得るとともに、国際社会もまた、我が国がその国力にふさわしい形で国際社会の平和と安定及び繁栄のため一層積極的な役割を果たすことを期待している」（外務省 2015）。実際に、日本のODA額は一九八九年ならびに一九九〇年代にかけて世界一位の実績を誇っていた。しかしながら、他方で、国際目標とされるGNI比の割合で見ると、日本は援助過小国とみなされる。前章にて、国際的にGNI比〇・七％のODA支出がDAC加盟国の目標とされていること、二〇一六年の同比率における実績が〇・三二％であることに触れたが、その中で日本の実績は〇・二％となっている（OECD 2017）。これは二九ヵ国中、二〇位の実績である（援助額ベースだと四位）。援助の中身や実際の成果を見ずして額面だけで判断することはもちろん乱暴なことではあろうが、掲げられている理想と行っていることの現実とのギャップを日本の現状に見て取ることは十分にできるだろう[58]。

それでは、こうした日本の援助の現状に対して、それを支える私たちはどのように考えているのだろうか。その実態を理解するためには、やはり本来は経験的な分析が必要となるのだろうが、ここでは簡単な確認として、内閣府が毎年行っている「外交に関する世論調査」を参考にしてみよう。それを見ると、現在の日本の状況は私たちの政治的意見・態度によって事実上支えられているように思える。二〇一六年度のこの調査によると、日本のこれからの開発協力について、「積極的に進めるべきだ」とする人の割合は三〇・二％、「現在程度でよい」は五〇・三％、「なるべく少なくすべきだ」は一二・四％、「やめるべきだ」が二・八％となっている（内閣府 2016）[59]。つまり、半数以上の人が、国際目標に達していない今の日本の援助の現状を肯定しているとみることができる。

こうした日本の援助の現状についての、私たちの現状肯定的な態度の根拠は様々に考えられる。前章で論じた、国内的な社会正義を追求するための必要性ゆえの援助の後回しという道徳的な正当化理由も、その一つである。それ以上に、人びとが実際に抱いているだろう有力な理由は、国内の景気回復の優先といった経済的理由であり、それによる援助の後回しの正当化であろう(60)。

そうした様々に想定しうる理由の中から本章では、規範理論として検討すべき題材として、「他の多くの国々が遵守をしていないのだから私たちも遵守をする必要がない」という論拠を取り上げていきたい。ここではこれを、他国の非遵守問題と呼ぼう（本来は他者とすべきだろうが、ここでは公式な援助のみに議論の焦点を絞っているため、国のみを想定する）。これは後に論じるように、負担の公平性の現状における欠損に訴えかけているという点で、道徳的な根拠とみなすことができる。

この根拠を持ち出すことは、援助の非遵守が常態化している現今世界において十分に可能であるとみなせる。前章でも触れたように、ODAの国際目標であるGNI比〇・七%を達成している国はそれほど多くはない。加えて、近年成長の著しい中国などをはじめとしたDAC非加盟国にも相応の貢献――投資と区別されるべきものとしての援助――を求めるべきだ、と考えることもできる。果たすべき援助を行わない他者を横目にして、自国のみが積極的に援助をし続けることは、国際競争の中で「正直者がばかを見る」結果になってしまうかもしれない。さらには、絶対的貧困に苦しむ当事国の支配者層こそが、そもそもこうした貧困根絶に向けての取り組み、なすべき義務を果たしていないとみなすこともできるだろう。その場合、外からの援助は、そうした支配者層のみを利するだけのただただ無益な結果に終わり、ここでも援助をする側が「ばかを見る」ことになりかねない。援助をする側の間における非遵守、そして援助をされる側における非遵守が常態化しているのならば、私たちも同様に援助の義務に従わないことは、極めて当然な行為である、と判断されかねない。

一方での達成すべき目標と、他方でのそれに向けて要求される貢献、課せられている義務の非遵守というギャップ。そこに横たわる他国の非遵守問題。この理想と現実とのギャップを前にして、国内社会を越えてこうした理想を論じてきたグローバルな正義論は、どのように答えていくことができるだろうか。

1-2　非遵守の問題と正義論

まずは、こうした非遵守の問題を現代の政治理論がどのように論じてきたかについて簡単に触れていきたい。結論を先にいえば、正義に適った制度とそこに適用される原理といった、理想的な社会状態に関する理論が多くの議論の中心的な論点であり、その制度の下での非遵守の問題というのはそれに比べれば周辺的なものであった。たとえばこのことは、現代政治理論の第一人者とも目されるJ・ロールズの『正義論』に典型的に見てとれる。彼は自らの理論を、厳格な遵守を前提とする好ましい条件下での正義に適った制度と原理の描写に関わる「理想理論」と、こうした条件下にないところでの不正義に対処するための原理に関わる「非理想理論」とに区分した上で、前者を中心的な主題として扱った（Rawls 1999a: 216 邦訳三三一頁）。ロールズに対する批判の多くも、彼の正義の理想理論に関するものであった。現代の政治理論にとって、「正義に適う理想的な社会状態は何か」という問いに答えることこそが、現実の社会状態を不正とみなし、様々な比較をする上での基準となることからも、長年にわたって重要なものであり続けていたのだといえる。

こうした中で近年、理想理論への議論の偏重を批判する形で非理想理論の重要性を強調する主張もなされてきている。好ましい条件が必ずしもそろっていない現実において、それら不都合を捨象している理想理論は、現実の世界における行為の指針としては不適切であるといえるかもしれない（Farrelly 2007）。もちろん、現状がどの程度理想から遠いのかを判断する基準を提供するという意味で、当然ながら理想理論にも実践的な含意は存在する（Stemplowska 2008）。しかし、現状の不正義の中でいかに行為すべきなのか、この不正義を改善するための実現可能かつ望ましいような基準を提示するような非理想理論が改めて問われているといえよう。ここで取り上げる他国の非遵守問題、そうした中で自国はいかに行為すべきだと私たちは考えるのかという問いも、こうした非理想理論における問題であるといえる。

そしてこの非理想理論は、国内社会において以上に、グローバルな次元においてより重要なものとなる。なぜなら、絶対的貧困の根絶というすでに世界的に共有されている目標をめぐっても、援助をする側においてのみならず、援助をされる側においても非遵守が常態化しているし、そうした非遵守国を一律に規制するような強制力を有する超国家的な制度といったものも、今のところ存在していないからだ。仮に、自らに課せられた義務を遵守しない国家を適切に罰し、その履行を強制できる権力をもった超国家的な制度が現実に存在していたのであれば、非遵守という事態はそれこそ例外的なものに留まるだろう。しかし現状でこうした役割を担う制度は存在しないし、もしこうした制度を望ましいものだと考えられたとしても、今ある現状からそれを構築していかなければならない。非遵守の問題が簡単には解決されえないという今の条件を踏まえた上で、その中でいかに行為すべきなのか、そうした条件をどのようにして変えていくべきなのかが、考察されなければならない。現状の世界が好都合とはいえないこれらの条件下にあり、正義に適っているとはいえない状況であることを認めるならば、そこから理想的な社会（世界）状態、正義に適った制度構築に向けての非理想理論が、グローバルな次元においてより考察されるべきものとなる。

それでは、グローバルな正義の文脈においてこの非理想理論に属する非遵守の問題はどのように扱われてきたのだろうか。ここでもはじめにロールズの議論を参照してみたい。前章でも論じたように、彼は国内社会を越えた正義の構想を論じた『諸人民の法』において、『正義論』においてと同様に理想理論と非理想理論との区別を導入している。理想理論としてロールズは、理に適って良く秩序だった諸人民からなる社会（世界）としての国際社会を描いており、そうした諸人民の国内的な特徴や諸人民間の正義（「諸人民の法」）を詳述している。一方で非理想理論として、理想的な諸人民にいまだなりえていない社会、諸人民の法を遵守しなかったり、できなかったりする社会を論じている。ロールズからすればここでの非理想理論の問題は、こうした社会から自らを守るために、またこれら社会を理想的な諸人民の一員として迎えるために、他の諸人民はどのような働きかけをすべきなのだろうか、というものである（Rawls 1999b: 5 邦訳六頁）。現状の世界を踏まえておおまかに言い換えるならば、先進諸国はどのようにして途上国を自らと同じような社会に発展させるのか、という問題意識があったといえる。

しかしこのような問いの立て方をした場合、援助を受ける側（途上国）の非遵守の問題を扱えたとしても、援助をする側（先進国）の非遵守についてはそもそも問題として現われてこない。なぜなら、働きかけをする側である諸人民はすでに理想的な社会であり、諸人民の法を遵守するものと前提されているからだ。[61] こうしたロールズの描く理想的な諸人民と実際のリベラルな先進諸国とのギャップを考慮した場合、後者にとって適切な行為の指針を与えていないという点で「諸人民」という理想化そのものが不適切である、といった批判が出てきたことも当然のことであるかもしれない（Valentini 2009）。いずれにせよ、ロールズの『諸人民の法』における非理想理論の枠組みでは、現実の先進諸国の姿勢ともいえる、援助をする側における他国の非遵守問題をうまく取り扱うことができないのは確かである。

一方で、義務を遵守する国と遵守しない国がそもそも同時に存在してしまうような、複数の国家からなる世界という現今の状況そのものが理想とは程遠い、という議論もあるだろう。特に、世界中の個人の観点から様々な制度の正義を構想するコスモポリタニズムの立場からすれば、国内社会と同等の実効的な制度がグローバルな次元で存在しないという現状、コスモポリタンな連帯感が欠如しているという現状そのものを、理想的ではない非理想理論の問題として論じられるべきだと考えることも可能である（Gilabert 2008）。しかし、どのような理想を描くとしても、現状の世界が諸国家からなり、援助をする側としての先進諸国とされる側の途上国がおおむね区分できる以上、複数国家の存在と、その中での部分的非遵守といった現状とを踏まえた上での、今ここでの道徳的な行為の指針が非理想理論として示されなければならない。

まとめるならば、現状の他国の非遵守問題を前にして、各国に対して、いかに行為すべきかの道徳的指針が非理想理論として示されなければならない。しかしそこでは、先進諸国を理想化した上で問題を立てていくロールズの議論も、複数の国家からなる世界という現状のすべてを一括して非理想的なものとして扱ってしまうタイプのコスモポリタニズムも適切な手がかりとはなりにくい。こうした議論の状況を踏まえた上で、ここでは、コスモポリタニズムの立場に明白に立ちつつも、近年、世界的な絶対的貧困に対する先進諸国とその市民の責任を格別に強調してきたポッゲの議論を参照、批判することで、一つの応答を示していきたい。

2　消極的義務としての世界中の絶対的貧困とのつながり

2-1　グローバルな制度的秩序を媒介とした加害の問題

まずはポッゲの主張とその要点を簡単に確認しよう。彼の主張を端的に述べれば、現状の先進諸国とその市民はいまだ絶対的貧困に苦しんでいる世界中の人びとに対して危害を加えてしまっている、というものである。彼からすれば、今ある世界の現状――日々の生存すらも脅かされているような多くの貧しい人びとがいる一方で、そうした人びとの苦境を十分に救えるような豊かな富を享受している人びとも多く存在するという現状――における先進諸国とその市民の道徳的な問題とは、「困っている人を助けるべき」といったような積極的義務を履行していないという以上に、「危害を加えてはならない」という消極的義務に違反しているという点にある。

この主張は一見して極めて奇妙なように見える。なぜなら、私たちと他国の貧しい人びとは援助以前には無関係であるように思えるし、ましてや私たちが彼らを苦境に陥れたとは到底考えられないからだ。しかしポッゲからすれば、このような「そもそも無関係である」というような想定こそが深刻な誤りなのだ。彼は、貧困の発生や、(ある人はより豊かであり他の人は貧しいといったような) 経済的な財の分配状況が形成されるときに、様々な取引を規制するような経済的な制度やルールが決定的な要因となっている点を指摘する。その上で、こうした制度やルールは国内社会にのみ限定されるものではなく、いまやグローバルな形で存在していることを強調している。

現代の世界においては、経済取引を統治するルール——国内的にも国際的にも——が貧困の発生や深刻さのもっとも重要な原因に関する決定要因である。それらがもっとも重要なのは、それが適用される管轄内の経済的分配へ強大なインパクトを有しているからである。よって、ある国の税制、労働関係、社会保障、ヘルスケアや教育へのアクセスについての法律の比較的小さな変化でさえ、消費者の習慣や大企業の方針における大きな変化以上に、貧困に対して強大なインパクトを有することになる。この点はグローバルな制度的秩序にも同様に当てはまる。国際的な貿易、貸与、投資、資源利用、知的所有権を統治するルールの小さな変化であれ、生命に危険を及ぼす貧困のグローバルな発生状況に巨大なインパクトを有している。(Pogge 2007: 26)

もちろん先にも触れたように、一つの国家に比肩するようなグローバルな制度（つまり世界国家）が存在しているわけではない。しかし複数の国家間の相互の承認や行為によって、一定のルール、制度が妥当するような経済的な秩序が存在し、その効果は国家間のみならず各々の国内社会までも包含するグローバルなものとなっている。ポッゲのいうグローバルな制度的秩序とは、こうした現代の世界状況を指すものである。先進諸国とその市民は絶対的貧困に苦しむ遠く離れた人びとと決して無関係ではなく、グローバルな制度的秩序を媒介としてつながっている。そして今あるグローバルな制度的秩序の形成と維持には、この秩序から多くの恩恵を享受している先進諸国とその市民がおおいに関わっている。

もっとも、ポッゲの主張の含意は、この関連性の存在の指摘に留まるものではない。というのも、このように先進諸国とその市民が絶対的貧困に苦しむ人びととつながっているとしても、それをもって前者が後者に対する消極的義務に違反している、つまり「危害を加えている」と即座に断言することはできないからだ。

真の問題は、両者を媒介するグローバルな制度的秩序が現状において不正義とみなされるようなものとなってしまっていることにある。不正な制度的秩序が否応なく押しつけられていることが、不正義をなすということでの危害の焦点となっている。それでは、今あるグローバルな制度的秩序はどうして不正とみなされるのだろうか。

ポッゲはそこで、人権の尊重の欠如を不正義の基準として用いている。ここで人権とは、基本的諸自由や政治参加、飲食料や衣料、住居、教育や健康という形の基本的ニーズへのアクセスの制度による保障を意味する(Pogge 2008a: 57 邦訳九四頁)。現状の絶対的貧困に苦しむ人びとはまさにこうした基本的ニーズを適切に満たせておらず、人権が尊重されていない状況にある。その意味で、現状のグローバルな制度的秩序はその影響下にある人びとの人権を十分に尊重しているとはみなしえない。しかし一方で、全ての人びとの人権が尊重された世界そのものは十分に実現可能である。というのも、現状の豊かな人びとと貧しい人々との間の巨大な不平等を踏まえるならば、わずかながらの富の移転によってでも貧しい人々の状況を改善することはできると考えられるからだ（Pogge 2008a: 104–105 邦訳一六四頁）。

実現可能な代替案が存在するにもかかわらず、また、絶対的貧困に苦しむ人びとが多く生じることが予見可能であるにもかかわらず、グローバルな制度的秩序は今あるものとして形成され、維持し続けられている。それゆえ、この形成、維持に参与している先進諸国とその市民は、貧しい人びとに「危害を与えている」ということになるのだ。

ここで留意したいのは、人権の尊重という基準は「グローバルな正義の最も適切な構想は何か（あるべき世界の財の分配状況は何か）」という問いへの応答とは異なるものだという点だ。たとえばある人は、世界中の人びとがより平等な形で財を享受できることこそが正義の求めることであり、国境という区別によって不平等が生じることのない世界を理想的な状態として考えるかもしれない（これは第一章で確認したように、分配的正義に関してのコスモポリタニズムの理想理論にあたる）。またある人は、平等というものは国境に代表されるような特定の境界内における成員間でのみ重要な価値を持ち、各々の国家による自国の成員への特別な配慮が優先される世界を正義に適った理想的な状態と考えるかもしれない（これも同様に、国家主義の理想理論を意味している）。そうした包括的な分配的正義の構想と違って、人権の尊重という基準は、少なくとも不正とみなされないために世界、制度に求められる必要条件に関わる、ミニマムなものである。それ自体は、最も理想的な世界、制度について言及しないが、いずれの正義の構想に従ったとしてもこの基準が満たされていないならば、その点においてそれは不正な世界、制度とみなすことができる。ポッゲによれば、現状の制度を不正と判断し、代替案と比較、評価していくという目的にとっては、こうした最低限の基準、ミニマムな正義の構想で十分であり、完全な正義の構想についての一致を模索する必要はない（Pogge 2008a: 25 邦訳五一頁）。彼のここでのミニマムな正義の構想は、不正という批判を少なくとも免れるために必要な基準を満たした、最低限あるべき世界、制度の理想状態に関わるものであるといえる。

ポッゲのここでの主張をまとめよう。現状のグローバルな制度的秩序は人権の尊重というような最低限の理想に照らしても不正である。同時にこの制度的秩序は、可能な代替案があるにもかかわらず、先進諸国とそれを支える市民によって形成され、現状追認という形で支持されているものである。それゆえ、先進諸国の市民である私たちは、絶対的貧困に苦しむ人びとに対して、不正な制度を押しつける形で危害を加えてはならないという意味での消極的義務に違反してしまっている。私たちの不正義、加害とは、個人として他国の人びとに直接的に危害を与えているというよりも、不正な制度を形成、支持しているという点にある。

2-2　消極的義務と途上国の非遵守

このポッゲの主張は、非遵守の常態化という現状の世界においていかなる含意を持つだろうか。まず一般的にいって、同じことが問題になっている場合に、積極的義務の非遵守（「困っている人を助けない」）よりも消極的義務の非遵守（「人を困らせる」）の方が深刻な道徳的過失であると考えられることから、現状の世界はより責められるべき道徳的問題を抱え込んでいるとみなされる。最低限の理想を消極的義務に関わるものとして描くことによって、それに照らした今ある私たちの道徳的過失をより強調し、そこから現実改善へのより大きな動きを促すことが、彼の実践的な狙いであったといえる。

そして、ポッゲの議論に従うならば、援助される側における（人権尊重への）非遵守は、先進諸国の義務の有無を左右する要素とはならない。なぜならば、不正とされるグローバルな制度的秩序の押しつけこそが私たちの義務の違反、加害の焦点となっている以上、途上国の支配者層による、自国の人びとへの人権侵害や絶対的貧困の放置という形での非遵守を根拠として持ち出したところで、自分たちの非遵守を正当化することはできないからだ。そうした支配者層が危害を与えているからといって、私たちも危害を与えたままでいることは許されない(Pogge 2005: 62-64)。

それどころか、途上国の非遵守という現状そのものが今あるグローバルな制度的秩序の影響下でもたらされたという面も考慮されなければならない。自国の人びとの人権を尊重していない国の政府を、その領域内の天然資源の正統な所有者や資金の正統な貸し出し先とみなす国際的なルールによって、現今のグローバルな制度的秩序はこうした国々における非遵守を助長させてしまっているともいえる[62]。こうした現状を踏まえるのならば、援助をされる側の途上国の内実を別枠で考えた上で、私たち先進諸国の義務の遵守がなされなければならない。

それでは、危害を与えている側として描かれる先進諸国における非遵守の常態化についてはどう考えられるだろうか。ここでの消極的義務の内容がグローバルな制度的秩序を媒介として危害を与えないことであったことを踏まえるのならば、この義務を遵守する第一の方法は、こうした制度的秩序の押しつけ、それへの参与そのものを控えることであろう。しかし、グローバリゼーションと称されるように様々なレベルでの世界的な相互依存、相互作用が深化した現代の世界においては、この制度的秩序の押しつけ、参与それ自体を控えるという選択は事実上不可能である。

そうである以上、ここで消極的義務として実のところ求められていることは、単にグローバルな制度的秩序を押しつけないというものではなく、不正なグローバルな制度的秩序を押しつけないことだといえる。単に押しつけない、控えるという行為が求められているのではなく、押しつけざるをえない、参与せざるをえない制度の中身が問われている。そこで先進諸国には、不正な形で関わってはならないということが求められるのだが、グローバルな制度的秩序とはその言葉が示す通り、世界中の全ての人びとに多かれ少なかれ影響を及ぼすようなものであり、どのような内容であれグローバルな単一のものとして形成されるものである（Pogge 2008a: 39-40 邦訳七二―七三頁）。

そのため、一方でこの秩序を不正な形で押しつけることによって危害を与えている先進諸国と、他方で不正とはいえない形でこの秩序を形成することで消極的義務を遵守しているとみなされる先進諸国とが同時に存在するといった事態は、理論的にはありえない。つまり、不正なグローバルな制度的秩序を押しつけてはならないという意味での消極的義務に着目した場合、現状の全ての先進諸国はこの義務に違反していることになる。そして現状の不正が取り除かれた場合には、いずれの先進諸国も自らの義務を全うしていることになる。消極的義務の焦点を一つのグローバルな制度的秩序による危害とみなした場合、それに参与している先進諸国内での部分的な非遵守という事態は存在しえない。

以上の議論をまとめよう。最低限の理想状態としての、不正な制度を押しつけてはならないという形での消極的義務の遵守は、現状に照らすならば先進諸国のいずれもがその義務を果たしていないといえる。そのことから、援助をされる側の途上国における不正や非遵守によっては相殺できない、先進諸国の道徳的責任が示される。しかしながら、ここで問題となっている消極的義務は先進諸国がそれぞれ単独で遵守できるようなものとはなっていない。程度の差こそあれ、全ての先進諸国がその形成、維持に関わっている一つのグローバルな制度的秩序の不正義が問題となっているからだ。現状を不正義とみなすならば、そこから抜け出すための、十分に実現可能なこの制度的秩序の改革案を示すことがここでは必要となってくる(63)。そしてそれとは別に、こうした改革案やそこで求められる負担に対して、世界の中の一行為主体――私たちにとってみれば日本――としていかに応答するのか、を同時に考えなければならない。援助をする側としての私たちと援助を必要とするような途上国とは、グローバルな制度的秩序を媒介とした制度的関係にある。そして現状のそれは人権の尊重という観点からして不正義とみなされるものであり、こうした事態に対して私たちは慈善以上に道徳的な責任を有しているといえる。しかし私たち日本だけがこの不正な制度的関係から抜け出すことはできない。今ある不正は――それをたとえ危害として捉えたとしても――制度そのものの改善をもって克服するしかないが、まさにそれに向けての動き、積極的な貢献に私たちも他国も逡巡しているという現在の状況が別の問題をうみだしている。ポッゲの議論ははからずも、世界中の絶対的貧困や人権の尊重をめぐる不正義が、グローバルな制度的秩序の不正（最低限の正義の基準に照らした上での不正）と、その改革を進めない先進諸国の不正（不正な現状を克服しようと行為しない不正）という、二つのレベルの問題を混合したものであることを示しているともいえよう。

3　不正な状況下で私たちに要求されるもの

3−1　消極的義務にもとづいた積極的責務

前節でみたように、ポッゲの議論は、先進諸国とその市民の消極的義務に焦点を当てて、絶対的貧困に苦しむ人びとに対しての私たちの道徳的責任をより強調するものであった。しかしながらそこで私たちに実際に要求されていることとは、制度的関係を結ぶことそのものを控えるというような非現実的な消極的行動ではなかった。この点を踏まえた上で彼は、制度的関係における消極的義務を次のようにまとめている。「全ての人びとには……制度的秩序の被害者を保護したり、制度的秩序の改革に向けて働きかけたりする形で自らの協力に対する補償をするのでなければ、〔人権を尊重しないような〕強制的な制度的秩序の維持に協力してはならないという、消極的義務がある」〔強調点筆者〕（Pogge 2008a: 73 邦訳一一九頁）。今あるグローバルな制度的秩序が不正であり、すでに私たちがそれに関与してしまっているのだとすれば、私たちがとるべき行動は、彼の言う補償、つまり制度そのものの改革に向けての働きかけや、不正義の被害者の保護といった積極的な行動ということになる。不正な制度の押しつけによって危害を加えてはならないという消極的義務が遵守された最低限の理想的な世界は、非理想的な現実の世界において、今ある不正の除去やその被害の回復という積極的な行動を要求するものである。

　消極的義務の遵守という要求が現実には積極的な行動を要求する。ポッゲはこれを義務（duty）と責務（obligation）とに区別した上で議論を展開している。「義務は道徳的に根本的で、私たちに常に当てはまるものである。そのいくつかは生成力のある義務（generative duties）である。すなわち、適切な経験的環境と関連して、より特定の行為への道徳的な諸理由、責務をつくりだす」〔強調点原文〕（Pogge 2005: 68）。たとえば、「約束を破ってはならない」という消極的義務は、それを破ってしまった場合、そこから生じた被害などの埋め合わせをしなければならないといった積極的責務を生み出す。これと同じように、不正なグローバルな制度的秩序に対しての補償も、こうした消極的義務にもとづいた積極的責務であるといえる。私が何か他人にプレゼントをするにあたって、何ら無関係な赤の他人にあげるよりは、以前私が迷惑をかけた人にあげる方がより適切だと考えられるのと同様に、国際的な援助もまた、遠く離れた無関係な貧しい人びとに対してではなく、私たちが危害を加えてしまっている人びとに対してのものであることから、より重要で喫緊の課題として認識されるべきものとなる。

　現実の世界において私たちの遵守／非遵守が問題になっているのはまさに、こうした積極的責務においてである。先に見たように、不正なグローバルな制度的秩序の押しつけという消極的義務そのものについては、現状で全ての先進諸国とその市民はその義務に違反してしまっている。しかしこの現状を踏まえた上でどれだけその埋め合わせ、補償をしているのかという点について、それぞれの国々の間で様々な貢献度の違いが生じている。不正な状況を改善するために、私たちには積極的な貢献をなすべき責務が課せられている。しかしその責務を多くの諸国が果たしていないことが今ある不正のもう一つの側面となっている。この他国の非遵守問題を考慮した、積極的責務のありようを考えていく必要がある。

それでは、ポッゲ自身はこの他国の非遵守問題をどのようにとらえているのだろうか。彼はこれを「カモにされるがための例外（sucker exemption）」の一つとして取り扱っている。ここでの積極的責務が援助のような財の移転を意味するのならば、こうした責務を遵守している国に、経済的資源をそれだけ国外に向けているのだといえる。それに対して、遵守していない国がその分を国内における開発投資などに回しているとするのならば、国際競争の場においては結果として、義務を遵守している道徳的には称賛されるべき国が不利な立場におかれてしまう。遵守者は非遵守者によってカモにされてしまうがために、ここでの道徳的な責務を果たす必要が無い、という問題である。

ポッゲはこれに対して次のように応答している。

しかし、各国が他国を例示することによって自らを弁護しているのならば、理に適った反応とはきっと、全ての国々に平等な影響を与え、各国の競争上の地位を変更することのない多国間の改革を案出するように、全ての国々に要求することだろう。各国は適切な改革案を提出すべきであり、その実行を支持することを、他国が同様に支持することを条件として約束すべきなのだ。（Pogge 2008a: 134 邦訳二〇七頁）

ここで彼が示唆しているのは、非遵守という選択がそもそも利益にならないような改革案を示し、その改革への支持という遵守の条件に他国の遵守そのものを組み込むという解決方法である。つまり、あらかじめ遵守が期待されるような条件づくり、ルールづくりによって、カモにされかねないという他国の非遵守問題に対応しようとしているものと思われる。

このような、全ての国々を組み込む形での、現状の非遵守の常態化という事態そのものを変えるようなルール作りは確かに必要であろう。それはちょうど、現状のグローバルな制度的秩序の不正義そのものを除去すべく、この制度的秩序を改革することが重要な課題であることと同様である。しかしながら、世界中の絶対的貧困の根絶が喫緊の問題であることを踏まえるのならば、そうした改革の動きと並行して、たとえ全ての国々がルールに従わない状況であったとしても先進諸国が担うべき責務を考えていかなければならない。

3-2　非遵守者の存在と公平な負担

ところが、他国の非遵守を念頭に置いてでも担うべき責務は何かを考察していく際に、一つの課題が浮上してくる。それは、非遵守者の負担分まで遵守者が追加的に受け持つのは不公平な要求となるのではないかという、道徳的な価値に関わる課題である。先の「カモにされるがための例外」においては、遵守者の非遵守者に対する競争上の不利だけが問題となっていた。しかし、そもそも私たちの目的は、世界的な人権の保障や絶対的貧困の根絶にあったはずである。そのように考えてみると、この目的の達成に向けて積極的に行動する諸国（遵守者）は、そうでない諸国（非遵守者）に対して本来求められる負担分までも担わなければならないことになる。L・マーフィが問題としたように、集合的な目標に向けて各々の行為者に何らかの負担を求める道徳的な原理は、そうした行為者の全てが従順な遵守者とする理想的な状態だったならば考えられないような不公平な要求を、遵守者が部分的にしか存在しないような現実の状態において生じさせてしまう（Murphy 2000）。

グローバルな制度的秩序の不正に関与しているというそしりを免れるために、非遵守者に対する競争上の不利のみならず非遵守者が負うべき負担までも背負わなければならなくなるとしたら、そこで責務を遵守するという選択は、単にばかを見る以上に自らを不公平な立場に追いやることになる。そこで、対外援助をあまり積極的に支援しようとしない現状は、自らが不利な立場に陥ることを避けるという慎慮の観点からのみならず、不公平な負担への異議申し立てという道徳的な反論としても是認されるべきものとなってしまう。すなわち、他国の非遵守問題は、公平さという道徳的理由に訴えかけるものであるからこそ、グローバルな正義論という規範理論のレベルでも目を背けることのできない課題とみなされるべきものとなる。

この他国の非遵守問題の持つ道徳的な効力に対抗しようとするのならば、非遵守者に対する遵守者の不公平を埋め合わせることができるような、道徳的にも適切な負担分を考えていかなければいけない。この問題に応答を試みたマーフィは、公平な負担分を考える際に、利益配分に関わる道徳原理は遵守条件（compliance condition）を満たすべきであると論じた。これは大まかにいって、部分的な遵守下においてある行為者が自らの責任を履行した場合、完全な遵守下においてその行為者が自らの責任を履行した場合と比べて、その行為者が不利な立場に置かれてはならない、といった条件である（Murphy 2000: 89）。言い換えれば、行為者に何らかの積極的な負担を要求する道徳原理は、完全な遵守下における要求以上の負担を部分的な遵守下における行為者に課してはならない、という条件である。

この遵守条件が問題とするような非遵守者との公平な負担という問題は、ポッゲの議論においても避けられない。というのも彼は、先に見たように、先進諸国の消極的義務違反に由来する積極的責務を、不正なグローバルな制度的秩序の制度改革のみならず被害者への個別の保護や補償とも考えているからだ。実際に彼は、他者の責務の実際の遵守状況に左右されない負担を想定することで、マーフィの提起した問題に応答している。「〔現今の政策や制度の被害者を救済する〕そうした改革や保護への努力に私たちはどのくらい貢献すべきなのか。私は次のように考えたい。同じような立場にある他者が同等の貢献をした場合（他者が実際に貢献するのかどうかは関係ない）、危害を根絶するのに必要とされる程度であると」（Pogge 2008a: 296n246 邦訳一三七頁）。これは、マーフィの言う遵守条件に沿ったものである。つまり、この主張からすれば、積極的責務として各国に割り当てられた負担は、こうした責務を守ろうとしない他国の負担分を含まないものとなり、よって公平なものであるということになる。

しかしながら、このような見解を受け入れることで、ポッゲの議論はジレンマに陥ってしまう。というのも、上記の主張からすると、公平な割り当てを一部の先進諸国が守っていたとしても、他の非遵守な諸国がいる限りでは世界中の絶対的貧困に苦しむ人びと、人権を保障されていない人びとに対して完全な補償、保護はできていないことになってしまうからだ。[64] 一部の先進諸国が一定の積極的な責務を履行したとしても、大元の不正なグローバルな制度的秩序による危害は完全には補償されえない。そのため、この制度的秩序に関して先進諸国とその市民は依然として、消極的義務に違反していることになる。かといって、グローバルな制度的秩序の不正義の除去を、正義の責務を遵守しようと行為する一部の諸国にのみに任せてしまったのであれば、そこでの負担が不公平なものであり続けるという事態を避けることはできない。制度的な危害そのものを個別の補償によっても解決可能とするポッゲの応答は、このように、グローバルな制度的秩序に焦点を当てることで展開されてきた、彼自身の消極的義務論と齟齬をきたしてしまう。[65]

他国の非遵守問題を前にしてポッゲが抱え込んでしまう課題はこれだけではない。グローバルな制度的秩序がもたらすのは危害だけではなく、利益も産み出しているという点も考慮されなければならない。すなわち、不正なグローバルな経済的秩序という現状は、先進諸国が絶対的貧困に苦しむ人びとに対して危害を与えているという意味のみならず、先進諸国がそこから多くの利益を不当に享受しているという面も持っている（たとえば、世界中の貧しい人びとの人権や貧困を考慮しないような低賃金労働の成果として、私たちは原油や食料を不当に安く購入している）。ポッゲをはじめとしたコスモポリタニズムの論者は、こうした利益の面を考慮するからこそ、グローバルな利益の分配状況を正義の問題として把握すべきだと主張しているのである。

この利益という観点においてポッゲは、先の応答とは違い、被害者が責務を果たさない非遵守者のせいで応分の補償を受けられない場合は、利益を得ている他の遵守者は余分に補償をすべきだと述べている。「〔豊かな人びとの多くが危害への応分の補償をしていないという〕こうした現状において、私が信じるところ、私たちは自らの危害に対する負担分への補償のみならず、私たちがそれを履行した後も残る不正義からの利益についても補償しなければならない」（Pogge 2005: 74）。

こちらの方が、消極的義務違反を強調してきたポッゲ自身の主張としては一貫している。というのも、こうした被害者の立場が一定以上改善されない限り、結局のところグローバルな制度的秩序は不正義であり、その関与者としての先進諸国が危害を加えているというそしりをまぬがれることはできないからだ。しかし、援助をする側としての先進諸国間においては、遵守者と非遵守者の間でますます不公平な状況が広がることになる。積極的な責務に従わないことはますます競争上有利な選択となり、従った場合は不公平な負担を要求されてしまうと考えるのならば、こうした責務を進んで引き受けようとする者はますます少なくなってしまうだろう。

以上、ポッゲの先進諸国の消極的義務の違反とそれに由来する積極的責務という議論が、現状の非遵守の常態化という問題にどのように結びつくのかを見てきた。彼の主張は、理想的にはグローバルな制度的秩序の消極的義務違反を強調するがゆえに、現実においてその制度の一部分であるとともに、一部分でしかない個々の先進諸国の立場からすれば、道徳的なジレンマを呼び起こしてしまう。一方で私たちは、消極的義務違反と批判されないためにグローバルな制度的秩序を不正ではないものにしなければならない。しかし他方で、他国の非遵守問題を考慮した場合、そうした者が負うべき責務まで自分たちが負担するのは不公平であるようにも思えてしまう。こうした問題は、現実の非理想的な状況――複数の国家からなっていること、その中には課せられた義務（責務）を果たそうとしない行為主体がいること――を必然的に考慮しなければならないとすれば、世界中の人びとの人権の保障、絶対的貧困の根絶といったような最低限の理想を目指すにあたっても、私たちの遠く離れた貧しい人々への義務（責務）を大きく二つのレベルで考えることが必要であることを示しているといえる。最後に本章の議論をまとめつつ、この点に簡単に触れていきたい。

4 結論――理想と現実のギャップを前に私たちがなすべきこと

本章の考察をまとめよう。ポッゲの議論を踏まえて私たちが留意しなければならないことは、私たちは一つのグローバルな制度的秩序の中に位置し、そこからの恩恵を享受し是認する形でその維持に携わっているという点である。まさにそこに、制度に関する（不）正義について、一国国内社会を越えてグローバルに論じていく必要があるといえる。そして同時に、このグローバルな制度的秩序がその内に多くの絶対的貧困で苦しむ人びとを抱え、それを放置している以上、私たちは、こうした人びとと単なる援助者と被援助者という関わり以前につながっているということを見逃してはならない。ポッゲはこの関係を、先進諸国とその市民による貧しい人々に対しての加害として描いていた。こうした関係をなくすこと、現行のグローバルな制度的秩序の改善が今求められているといえる。

しかし、世界の中の一部分としての立ち位置、日本とそれを支える私たちの立場からすれば、こうした制度的秩序を媒介とした消極的義務の強調は、行為の指針としては不適当かもしれない。なぜなら私たちは、単独でグローバルな制度的秩序の押しつけから抜け出すことはできないし、現行のこの制度的秩序によって生じた不正を、他の非遵守者の分も含めて私たちのみが補償すべきだと考えるのはあまりにも過度な要求、不公平な要求とも考えられるからだ。ポッゲの強調したような絶対的貧困に苦しむ人びとと私たちとの制度的なつながりを考慮した上で、また、他の先進諸国、援助をすべき側とみなされる国々における非遵守という現状を踏まえた上での、私たちが果たすべき責務を考えなければならない。

それは第一に、ポッゲも示唆していたような遵守を可能にするような条件づくりや、現在の不正なこのグローバルな制度的秩序を改善するための働きかけである。つまり、私たちの誰もが共有している、グローバルな制度的秩序というレベルでの正義の実現に向けた取り組みである。これは世界が一丸となって取り組まなければ改善できないものであるものの、そうした動きを促すような働きかけは世界の一部としての日本にも可能であり、また求められることであろう。

そしてそれとは別に、他者の遵守を想定して割り当てられた援助についても、現在のグローバルな制度的秩序の形成、維持に多かれ少なかれ関わっている一員である以上、また一員でしかない以上、自らの責務として個別に果たしていく必要があるといえる。つまり、世界の一部分（特定の国家の成員）として他国と関係を築いていくというレベルでの、正義の実現に向けた働きかけである。本章で論じてきたように、コスモポリタニズムの正義構想としてグローバルな制度的秩序に着目しているポッゲの議論においても、そうした一つの世界という側面のみならず、非理想理論においては複数国家というレベルでの道徳的課題に応答せざるをえない。

最後に、以上の点を踏まえて、現状の援助目標と日本の現実とのギャップについても言及しておきたい。GN

Ｉ比〇・七％というＯＤＡ目標は、その数値の妥当性や援助額に計上される実際の支援の内容、そして貧困根絶という目的に照らした効率性といった、それ自体も非常に重要な問題は置いておくとしても、一つの参照点となりうると考えられる。それはまさに、他国が理想的には遵守するという想定の下で、非遵守国の分までは含まないような公平で正当な要求という形を実のところ取っている。だからこそ、世界の貧困問題、発展のための国際貢献を謳っている日本にも、この目標の達成に向けた取り組みが求められる。本章の議論は、援助される側や援助する他の諸国の非遵守を道徳的な根拠として、上記の援助目標の履行を拒否することはできないということを示唆している。

第四章　グローバルな正義と諸国家

第四章と続く第五章では、国家主義とコスモポリタニズム双方の移行期の理論が応答すべき課題——諸国家という制度とグローバルな制度的関係の両方を考慮した道徳的行為指針の提示の必要性——が意味する「複数国家からなる一つの世界」を、理想理論の前提として捉え直すことで、二つの立場を架橋しつつ、既存のグローバルな正義論とは異なる正義構想を構築していくことを狙いとする。本章では、社会の基本構造論を援用することで、グローバルな制度的関係を対象とするグローバルな制度的正義と、各国家の相互の対外関係を対象とする国家間の相互行為的正義との分節化の必要性ならびにその意義を明らかにしていく。そのことによって、グローバルな制度的関係に着目するコスモポリタニズムの立場と、各国家という制度に着目する国家主義の立場との双方の意義を尊重しつつも、それらとは異なる、制度に対しての二元的なグローバルな正義構想を示していく。

1　イントロダクション

前の二つの章の検討で明らかとなったのは、グローバルな正義を実現するための道徳的行為指針に関わる非理想理論において、諸国家という制度とグローバルな制度的関係とのいずれか一方への着目だけでは「移行期の理論」としてのその理論的役割を十分に果たしえず、この二重の制度的関係の双方への考慮が求められる、ということであった。これは、いずれの正義構想を擁護するとしても、「複数国家からなる一つの世界」という事実を受容すべき必要があることを意味している。すなわち、この事実を理論前提に組み込むことを避けてしまうと、それぞれの非理想理論は適切な形をとることができないことを意味している。

それでは、この「複数国家からなる一つの世界」という事実そのものから出発してグローバルな正義を構築していった場合、つまり、この事実を将来において取り除かれるべき障壁としてではなく、重要な理論前提とみなした場合、そこでの理想理論はどのようなものとなるだろうか。この前提を踏まえたとしても、はたしてグローバルな正義構想は依然として既存の国家主義やコスモポリタニズムの理想として構築されるべきなのだろうか。

本章ではこうした問いへの応答として、「複数国家からなる一つの世界」における国家の立ち位置に直接的に目を向けることで、世界全体の関係性を主題とする正義〈グローバルな制度的正義（institutional justice）〉と、その枠組みの下での複数国家の相互関係を主題とする正義〈複数国家の相互行為的正義（interactional justice）〉とでの分業の重要性を主張していく。[66] そのことによって、従来の論争では見過ごされてしまっているグローバルな正義の多元的な側面の一つを明らかにしていきたい。

本章の見解からすれば、「複数国家からなる一つの世界」という状況は、国家に比類する制度的関係――単純化すれば世界国家――の不在という異質性を強調するものとしてのみではなく、複数行為主体とその基盤となる制度という関係として理解されなければならない。それは、一つの国家とその内の複数の成員という構図と、一つの世界とその内の複数の国家という構図との類似性を強調するものである。そして、全体としてのグローバルな制度とその下での一行為主体としての国家間相互との分業が正当化されたのならば、それぞれで要求される正義の内容は、それぞれの関係性の差異に応じて異なるものとなりうることが示唆される。どのような理想世界を最終的に描くにせよ、今ある世界の現状が「複数国家からなる一つの世界」であるという事実から出発しなければならない。この点を踏まえるならば、地球全体への一つの正義構想の提示と一般的に理解されているグローバルな正義は、諸国家間相互のかかわりにおける正義と、そうした相互関係の背景をなすグローバルな制度に関わる正義とに少なくとも分節化が必要であり、それにあわせて適切な正義構想が構築されていかなければならな

い。(67)

以上の主張を展開するにあたって、本章では、社会正義論の文脈で論じられてきた社会の基本構造（basic structure）をめぐる議論を手がかりに、そのグローバルな適用の含意を探っていく。この議論とは、正義の主題を国内的な社会の基本構造に据え、それと個人と個人との相互の関係性とを区別する主張であり、また、その是非をめぐるものである。ここで、国内的な社会の基本構造において制度と個人との間で正当化される分業が、全体とその下での複数行為主体という構造的類似性から、グローバルな基本構造（グローバルな制度）とその下で相互に行為する諸国家とにもあてはまる、という類推を行っていく。そこで、一つの制度それ自体とその下での複数行為主体の相互作用との差異こそが分業を要求する、という点を強調することで、国家と個人という性質的な差異にもかかわらず、グローバルな正義の文脈においても分業が求められることになる、ということを明らかにしていく。それと同時に、国家もまた内に諸個人を含む一つの制度である以上、国家間の相互関係もまた、グローバルな制度的正義とは別個に問われるべき、一つの正義の適用対象（世界中の諸国家間の相互行為的正義）とみなされるべきである、と論じていく。

こうした問題関心から本章では、グローバルな制度的正義と国家間での相互行為的正義との内容の差異を見ていくにあたって、J・ロールズの『諸人民の法』におけるいわゆるリベラルな寛容論を題材として取り上げていきたい。ロールズのこの正義構想においてはグローバルな制度的正義という観点が存在せず、諸人民の法はもっぱら国家間の相互行為的正義に関わるものであったことを踏まえ、非リベラルであるが良識ある人民に対しての干渉を禁止するリベラルな寛容論も、この相互行為的な観点からの要請であったことを示す。その上で、グローバルな制度的正義としては、ロールズが拒否するだろう民主化へのインセンティブ付与の正当化も可能であると主張することで、グローバルな制度的正義と国家間での相互行為的正義との違いの一つを提示していきたい。

次の第2節で、従来のグローバルな正義をめぐる対立軸（国家主義対コスモポリタニズム）と、この正義における制度的分業論との関係について論じ、いずれの立場もこの制度的分業の可能性を根本的には考慮できない、ということを明らかにする。続く第3節では、正義の主題としての社会の基本構造論をめぐる議論を概観し、そこでの議論がグローバルなレベルでも応用可能かどうかを検討する。最後に第4節で、ロールズのリベラルな寛容論を批判、再検討することで、グローバルな制度的正義と国家間での相互行為的正義との内容における差異の一端を示していく。

2　正義の射程の拡大と国家の意味

従来のグローバルな正義論において、今ある諸国家という世界の状況はどう理解された上で、それを越境する正義の構想は展開されてきたのか。本節ではここまで取り上げてきた二つの大きな対立軸——国家主義とコスモポリタニズム——各々における国家の役割に着目し、そこから、世界全体の制度的関係と国家間の相互関係との区別を可能とする視点が、いずれの立場からしても見失われてしまっていたことを示していく。

2-1　国内社会と国外関係との制度的分業論——国家主義

序章で区別したように、国家主義は、同一国家の成員間のような特定の関係に着目して、そうした関係内で妥当する原理と関係外で妥当する原理とを区別する立場である。それゆえこの立場からすれば、グローバルな正義を論じる上での分業という観念は、きわめて容易に受け入れられるようにも一見して思える。具体的な法体系を伴った国家のような制度が存在するのかどうかという環境に応じて、それぞれに対応する正義の内容が変化するのは、個人の自由と平等に究極的な関心を向けるリベラリズムの要請に正しく従った分業の結果であると考えることができる。C・ベイツが論じたように、国内と国外とでのこうした分業こそが、国家主義（ベイツの表現においては社会的リベラリズム）の際立った特徴であるとみなすこともできよう（Beitz 1999b）。

しかし次の点に注意しなければならない。それは、ここで国家主義によって肯定されている分業とは、あくまで特別な関係で結ばれている国家内のレベルと、そうした関係を持たないグローバルなレベルとの間のものだという点である。国家主義のグローバルな正義は、無関係な、あるいは薄い関係性にある人びとの間での正義としてひとまとめに把握されている。それゆえ、国内的正義と別個のグローバルな正義内において、国外的な関係性を考慮した上での分業の余地というものを見出すことはできない[68]。つまり、国家主義の論者は世界全体と各国国内との正義内容が異なることを主張するものの、そうした立場からは、世界全体と各国間の相互行為との正義が異なりうるという可能性を検討することができない[69]。

2-2　グローバルな正義への道具的手段としての国家――コスモポリタニズム

コスモポリタニズムとは、正義が妥当する範囲において、国家（ならびにそれに類する具体的制度）の存在をその範囲の限界づけの前提とみなさない立場であるといえる。それゆえコスモポリタニズムの立場からすれば、国家主義とは正反対に、世界全体と諸国家との間での分業の余地は全く存在しないようにも一見して思われる。というのも、彼らの主張はまさに、世界と国内社会とで線引きをするという考え方を拒否するものであり、各々における正義の内容の差異を否定するものであるからだ。

しかしながら彼らの多くが、自らの提示するグローバルな正義構想の実現は世界国家の存在を前提条件とする、といったことを否定するとき（言い換えれば世界国家の積極的擁護という道筋を回避しようとするとき）、そうしたグローバルな正義構想と「複数国家からなる一つの世界」との両立可能性が模索されることになる。[70]その場合、グローバルな正義構想はあくまで、複数国家というシステムを含めた世界の現状を批判しその改善を促すように作用する、道徳的な参照点としての役目を担うものとみなされる。[71]それはそのまま、グローバルなレベルと国内的なレベルとでの分業が、コスモポリタンの掲げる国内外に一貫して妥当するグローバルな正義構想に役立つ限りにおいて、積極的に正当化されうることを意味する。たとえば、同一国家の成員といった形で特定の人びとに特別な配慮を向けることは、ちょうど患者が各々に担当医を割り当てられることによってより良く健康を回復していけると考えられるのと同じように、グローバルな分配的正義に適った世界において必要とされるかもしれない。[72]そのため、コスモポリタニズムの主張と、グローバルな制度と各国家との分業という観念とは必ずしも矛盾するものではなく、それらの両立は十分に想定可能である。[73]

2－3　二つの立場の同質性

以上でみてきたように、グローバルな正義を論じてきた多くの論者は、その立場にかかわらず、世界全体としてのグローバルな正義の主張と、自国の成員という特定の人びとを配慮する各国内社会という分業とが両立するということを受け入れている。改めて確認するならば、国家主義とコスモポリタニズムとの間における国家の意義をめぐる対立はあくまで、国家内の成員を対象とする正義と世界全体の諸個人を対象とする正義との間で内容の差異が存在することは妥当なのかどうか、特に、国家の存在は財の平等／不平等に関わる分配的正義の射程を限界づける根拠としてみなされるべきなのか、という点が中心的なものであった。そこではもちろんのこと、国内と国外とで異なる正義の原理が適用されるべきなのかという論点、そして第一章で見たように、同一の分配的正義の原理をいずれのレベルにおいても追求されるべきものとみなすのかどうかという論点における根本的な違いが存在している。ところがそうした根本的な差異にもかかわらず、「複数国家からなる一つの世界」という状況において、何らかの形での分業が必要とされているという点では、二つの立場のいずれともその必要性を認めている、とみることができる。

しかしながら、こうした世界全体と国内社会とでの分業における認識の一致は一方で、グローバルな正義という世界全体に関わる正義の中での分業の可能性を見過ごすことにつながってしまっている。そうしたグローバルなレベルでの分業の可能性が見落とされてしまっている理由は、国家主義、コスモポリタニズム双方の有する特徴そのものにある。国家主義において国家の外における正義は、国内関係との差異を強調する形で案出され、より薄い内容を持つ、無関係な人びとに対してであっても義務とみなせるものとして一般化されている。コスモポリタニズムにおいてグローバルな正義は、世界中の諸個人を対象とした単一の正義構想であり、その中において下位に位置づけられる、様々な関係性にかかわりなく妥当するものとして想定されている。

複数国家が存在するという現状において、世界全体と国内社会という形での分業のみが要請されるのならば、グローバルな正義と各国内正義とで差異を認めることは妥当なのかどうかという、従来からの論争軸に留まり続けても何ら問題はないだろう。しかし、各々の国家は国内的な制度という側面と同時に、国外的にも様々な対応が求められる制度という側面を持ち合わせることを想起するのならば、各国家と世界全体との関係性を検討する作業を経ずして、「「複数国家からなる一つの世界」におけるグローバルな正義は一つの内容——世界全体に対しての一つの正義構想——としてのみ提起される」と、結論づけることはできない。

3　主題としての社会の基本構造論とグローバルな正義

国家の対外的な側面も踏まえた上でグローバルな正義を考察していくにあたっては、ロールズが国内社会における正義を論じる際に念頭に置いていた、「正義の主題としての社会の基本構造」という観念が有用な手がかりとなる。というのも、この観念に付随する制度と個人（間の相互関係）との分業が、世界全体と国家（間の相互関係）という構造にも妥当するかもしれないし、どの程度の類推が可能なのかを検討することによって、「複数国家からなる一つの世界」におけるグローバルな正義の主題をより明確にすることができると考えられるからだ。本節では、まず国内的な文脈で論じられてきた社会の基本構造論をロールズの記述に沿って概観する。次に、これまでグローバルな基本構造という観念がコスモポリタニズムの論者によって分配的正義の主張と強く関連づけられる形で論じられてきたこと、そうした特定の内容を捨象するならば、この観念自体は国家主義の立場からも受け入れられていること、を確認する。そして、基本構造論によって示唆される全体的な制度（基本構造）に関する正義の原理と個人間に関する原理との間での分業が、世界全体と諸国家という文脈においては、世界全体に関する正義の原理と国家の相互行為における正義の原理という、グローバルな正義の分業を意味することを示していく。

3－1　社会の基本構造の重要性

社会正義の原理を社会の基本構造という特別な領域に適用されるものとして考案していく手法は、ロールズの国内的な社会正義論の重要な特徴の一つであると考えられる（Rawls 1999a: 6-7 邦訳一〇―一二頁）。これはそのまま、全体としての制度に適用される原理と、その制度の下で活動する諸個人ならびに諸集団に直接適用される原理とは異なるものであり、前者にあたるのが（社会）正義の原理であるという分業論を意味する。(74) ロールズ自身、社会の基本構造に適用される原理は個人の行為に直接適用される原理とは異なるものであり、別個に検討すべき問題だという点に注意を喚起している（Rawls 1999a: 47 邦訳七六頁）(75)。

こうした社会の基本構造への着目は、まさにこの基本構造という一定領域に議論を限定している点で、特定の正義の原理の妥当性を国家内に限定するという国家主義の立場に特有のものである、と考えられるかもしれない。しかし、正義の主題を（個人間関係と対比される）制度に限定するという主張は、こうした制度は既存の国家のような形態でなければならない、ということを必ずしも意味しない。(76) ここでは、正義の射程は国内かグローバルかという「範囲（scope）」をめぐる問いと、正義構想が第一に参照するのは制度か個人（間の相互行為）かという「適用対象（site）」をめぐる問いとに分節化することが有用であろう。(77)

それでは、正義の「適用対象」を、個々人の日々の行為や人対人（ならびに各集団の内や間）における相互関係というよりも、もっぱら、こうした人びとならびに各集団の行為の枠組みとなるような制度に据えることを正当化する論拠は何だろうか。ロールズは、社会の基本構造を正義の主題とするにあたって、大きく以下のような論拠を挙げている。(78)

一つは、この基本構造がその下にある個人に多大な影響を及ぼすものであるという点である（Rawls 1999a: 7 邦訳一一頁）。特に、その影響は人びとの人生の出発点から始まっており、様々な個人の人生の見込みをいずれかの形で規定してしまう。それはつまり、特定の人びとを社会的な地位という点で否応なく優遇してしまうことにつながり、そこでは同一の基本構造に属する人びとの間で社会的ならびに経済的な不平等が生じてしまうことになる。こうした不平等を生じさせてしまうがゆえに、社会の基本構造こそが分配的正義の主題に据えられている。

二つ目は、上記の影響力の大きさとも関連することではあるが、基本構造はその下にある各人の欲求や願望をも部分的にではあっても形成してしまうという点である（Rawls 1999a: 229 邦訳三五〇頁）。これはつまり、基本構造の性質が異なれば、そもそも人びとが望むような人生計画もまた異なるものとなりうるということを意味している。各人の欲求ないし願望は、全体的な制度構築という側面から見ても完全に所与のものではなく、まさに制度（基本構造）の性格に左右されざるをえないものである。[79]

三つ目は、背景的正義への配慮という観点から基本構造は重要なものとなる、というものだ。[80] 背景的正義とは、社会的経済的な財の分配状況が継続的に正義に適ったものとなり続けている、ということを意味している。ここでの論点は、ある時点において正義に適っていたとみなされる分配状況も、単にそれだけではその分配状況の正義を保ちえないという点にある。たとえ当初は正義に適っていたと認められたとしても、「多くの別個で、表面的には公正な合意の集積された結果は、社会の流行や歴史的な偶然性と相まって、やがて、自由で公正な合意のための条件を保てなくなってしまうよう、市民の関係性や機会を変えてしまうだろう」からだ（Rawls 2005: 266）。

そしてこの論拠において、社会の基本構造それ自体と、その下で相互に関係し合う各人（ないしは各集団）との差異が顕著なものとなり、前者の重要性が強調される。というのも、正義に適った分配状況を掘り崩してしまうのは、「多くの別個で表面的には公正な合意の蓄積された結果」、つまり複数かつ別個に活動しあう各人（ないし各集団）の間の相互行為の合算した結果であるからだ。そこでは、たとえ各々が相互のやり取りという観点では（詐欺や暴力といった）不正を働かなかったとしても、結果としての分配状況が不正なものとなってしまう可能性が出てくる（Rawls 2005: 267）。また、全体としての分配状況を公正なものとして維持し続けるよう、各人に行為の段階において配慮するよう要求することは不可能でもある（Rawls 2005: 267-268）。社会の基本構造の役割とはまさに、「それに対して個人や集団〔アソシエーション〕の行為が生じることになる、正義に適った背景的条件を確保すること」（Rawls 2005: 266）にある。

かくして、全体的な制度、つまり基本構造に関わる原理と、その下での各人や各集団の相互行為に関わる原理との分業という観念に行きつく。分配的正義の原理はもっぱら基本構造を主題としたものであり、そうした背景的正義の中で各行為主体は自由な合意をはじめとした様々な原理に基づいて相互に関わり合う。ロールズは、こうした分業によって、各人や各集団がより一層自らの目的を追求していくことが容易になるとして、この観念を擁護している（Rawls 2005: 268-269）。

この基本構造の重要性に関する文脈においてロールズは、この重要性を認めない理論の一つとしてリバタリアニズムを挙げている（Rawls 2005: 262-265）。リバタリアニズムにおいては、財の正しい獲得法と交換法のみが規定されており、そうした活動を覆うような特別な理論は必要とされない。国家を私的な組織の一つとして理解するため、基本構造という観念が特別な役割を果たすこともない。つまり、全体的な制度と個人間相互との関係を全く区別していないのが、ロールズから見ればリベラリズムとは全く異なり、そして批判の対象ともなるリバタリアニズムの特徴であるとみなされる。(81)

もちろん、こうした基本構造論やそれが含意する分業については、その主題の限定性ゆえに不当な不平等を正当化してしまうのではないかといった批判や、そもそもの分業の妥当性についての嫌疑が提出され、それに対する再批判なども多数なされている。(82) ここでその詳細に立ち入ることはできないが、以下の二つの点から、基本構造論をここで用いていくことは許容されると考えられる。

一つは、基本構造論とその分業論は、個人に課せられるべき道徳的な負担を不当にも縮減させてしまっている、といった議論ではないということ、それゆえ明白に不道徳な観念とは言い切れない、というものである。基本構造論に対しての多くの批判はこの点に関連しているが、そうした批判は、基本構造に関わる原理が間接的に個人の行為を規制するものであるという点を見過ごしてしまっている（Thomas 2011: 1124–1129; Freeman 2013: 91–92）。

もう一つは、次に見るように基本構造論が、本書の対象となる国家主義とコスモポリタニズム双方に受容されている観念であるという点である。基本構造論に対しての批判の多くは、こうした制度に先行する分配的正義を想定しており、基本構造への着目がその分配的正義をゆがめてしまうことになるという点を批判対象としている。これが意味するのは、こうした批判は、序章で言及した、非関係論的な分配的正義の構想に依拠したものであるということである。本書の研究対象は関係論的な分配的正義構想内におけるグローバルな正義論にある以上、基本構造論を有用な議論として用いていくことは、その目的に照らして認められるだろう。

3-2 グローバルな基本構造への正義？

それでは、ここまで見てきた基本構造論は、グローバルな正義の文脈においていかなる意味をもちうるのだろうか。現今の世界全体を一つの基本構造として把握する、いわゆるグローバルな基本構造という観念は、今までも何人かのコスモポリタニズムの論者によって用いられてきた。ここではその論じられ方や、グローバルな基本構造という観念への批判の焦点がどこにあったのかを探ることで、基本構造論をグローバルに想定していくこと自体は、コスモポリタニズムの理想を共有せずとも可能であること、それゆえ、それが含意する分業論の展開もまた可能とみなせる、ということをまずは確認していきたい。

一つの国内社会の基本構造を想定するのとちょうど同じように、世界全体に対する一つの基本構造を想定することができるという主張は、ロールズの社会正義論を批判的に継承してきたコスモポリタンの多くが展開してきたものである。すなわち彼らは、一方で、社会正義の主題を社会の基本構造に定めるというロールズの前提を受け入れつつも、他方で、その基本構造を従来からある主権国家の制度と強く結びつけることを拒否し、一つのグローバルな基本構造として世界全体の関係性は理解されるべきである、と論じてきた。たとえばベイツは、国際的な相互依存の深化が現にグローバルなレベルでの規制的な構造を生み出しており、そうした非自発的な制度的構造とそれのもたらす多大な影響力の存在とがグローバルな分配的正義の要求をもたらしている、と主張してきた（Beitz 1999a: 148-149 邦訳二二一―二二二頁）。ポッゲもまた、社会の基本構造に着目すべき二つの理由――個人に対する多大な影響力と相互取引における背景的正義を確保する必要性――が国際的にも見出されることを根拠として、グローバルな制度的秩序、つまりはグローバルな基本構造に対する正義の原理の重要性を強調してきた（Pogge 1989: 247-248）[83]。いずれの論者にせよ、社会正義の主題である一国社会の基本構造と同種のものは、いまやグローバルなレベルで存在しているとみなすべきである、という点では一致している。そしてそこから、国内的な社会正義と同様の正義の原理のグローバルな適用という、コスモポリタニズムの主張が展開されてきたのであった。

国内社会と世界全体とを同一視していこうとするこうした見解に対しては、国内的な関係とそれを越えた関係との差異を強調する形での批判が国家主義の立場からなされてきた。つまり、国内社会の基本構造を特徴づけている要素（強制性や成員間の互恵的な関係性）と同等なものをグローバルなレベルで見出すことはできず、よって社会正義の主題としての基本構造を国家外で見出すことはできない、という批判である（Nagel 2005; Blake 2001）。たとえ現実にＩＭＦやＷＴＯをはじめとした国際的な制度が存在し、その影響力を認めたとしても、そのことをもって、それらの存在は国内社会の基本構造と同等の役割を担っているとみなされるべきである、ということには必ずしもならない。そして、両者の異質性を強調することで、国内的な社会正義の原理と同等のものをグローバルに適用すべきではないとする、国家主義の主張が展開されてきたのであった。

このようにグローバルな基本構造という観念は、一方で肯定的に捉えられ、他方では批判対象とみなされてきた。しかしここで注意しなければならないのは、従来の議論においてこの観念の是非は、次の章であらためて取り上げていくように、世界中の諸個人を対象としたグローバルな分配的正義という要求の妥当性をめぐる文脈の中でもっぱら論じられてきたということだ。つまり、国内社会で妥当とみなされている平等主義的な分配的正義の構想を生じさせる制度的関係が、グローバルなレベルでも見出されるかどうかがあくまで議論の焦点となっていた。

そうした問題関心に引きずられる形で、従来のグローバルな基本構造をめぐる議論は、こうした構造が国内的な社会の基本構造と同質なものかどうかだけが論点となってきた。国家主義の立場からの批判はいずれも、こうした同質性に対しての異論という形をとっている。つまり、これまで提示されてきたグローバルな基本構造に対する批判はいずれも、グローバルな分配的正義の要求を生み出すような制度的特徴を持ち合わせていない、ということを示す目的で投げかけられてきたものであったと理解することができる。

それゆえ、グローバルな正義の内容が、世界中の個人を対象としたグローバルな分配的正義を意味するのかどうかという論点を脇に置くとするならば、言い換えれば第一章でも確認した、従来からのコスモポリタニズムと国家主義との根本的な対立点から離れてみれば、これまでの国家主義の立場からの批判は、いずれかの形でグローバルな基本構造を想定することができる、ということ自体までも否定するような論拠を提示しているわけではない。というのも、彼らの批判の焦点はあくまでグローバルな分配的正義という特定の正義構想にあったのであって、国家外の制度的関係の存在、全世界の諸国家に共通に妥当するようなルールや慣習の存在やその必要性を問題視していたわけではないからだ。

実際に、こうした議論の中心となったロールズ自身、ここまで見てきたようにグローバルな分配的正義という考えを拒否しつつも、自らの国境を越えた正義の原理である諸人民の法を、諸人民の社会の基本構造を考慮するものとして位置づけていた（Rawls 1999b: 62 邦訳八九頁）（ロールズのこの想定に含まれている問題点については次節で論じていく）。そして、ロールズの諸人民の法を擁護したS・フリーマンもまた、一方で格差原理が適用されるような経済制度をあわせもつものとしてのグローバルな基本構造を否定しながら、他方で、各社会の制度的特徴に依存しつつも諸人民間の関係性を統制するものとしてのグローバルな基本構造こそが、ロールズの想定していたものだと述べている（Freeman 2013: 108）[84]。このように、国内社会の基本構造とグローバルな基本構造とでは性格が異なり、違った内容の正義原理が適用されることになると考えたとしても、そのことは、基本構造という観念をグローバルに想定できるという可能性自体を否定することにはつながっていない。

以上の点を踏まえるのならば、少なくとも次のように言うことができるだろう。グローバルな分配的正義の要求を根拠づけるものとして、国内社会と全く同質なものとしてのグローバルな基本構造を想定することができるかどうかは論争の余地がある。あるいは、実際に両者がどの程度同質的なものとなっているのかという問いは、現実世界の事象を検証していく中ではじめて応答可能な、経験的な課題として理解されるべきなのかもしれない（Blake 2012）。しかしそこでの論争の存在は、基本構造という観念をグローバルな正義の文脈で援用することができる、ということまでも否定するものとはならない。分配的正義の要求と強く結びつけられる形でしかグローバルな基本構造が論じられてこなかったことによって、正義の主題として基本構造を据えることの含意の一つである、全体的な制度とその下での行為主体との分業といった側面はあまりにも見過ごされてきてしまったといえる。この分業という観点からすれば、複数国家の存在を前提とした現状の世界をそうした基本構造として把握することは、たとえ国家主義の立場に留まり続け、国境を越えた分配的正義という考えを拒否したとしても、十分に可能であろう。

4　各国家の相互行為とグローバルな基本構造との分業論

前節の議論は、国内的な社会正義の主題としての基本構造論をグローバルなレベルで展開していくにあたって、従来のグローバルな基本構造をめぐる論争はその可能性を否定するものとはなっていない、ということを示すものであった。裏を返せば、世界全体の制度的関係をグローバルな基本構造として想定することはできないことではないという、可能性の指摘に留まるものであった。

ここではロールズの『諸人民の法』を題材として、グローバルな基本構造に対する正義の原理と各国家の対外的な相互行為に関わる正義の原理との分業論が、複数の行為主体としての「複数国家からなる一つの世界」という現状を踏まえるならば、積極的に擁護されるべきであると論じていきたい。はじめに、ロールズに対するポッゲの批判を参照しながら、グローバルな正義をグローバルな一つの基本構造に対するものとして把握する、グローバルな制度的正義の重要性を明らかにする。次に、国家間の相互行為的正義の重要性を、ここではロールズの諸人民の法の狙いを踏まえる形で明らかにしていく。その上で、こうした分業論に立つことではじめて見えてくるグローバルな正義の多様性を、彼の非リベラルな諸人民に対する寛容論と照らし合わせる形で、部分的にではあるが示していきたい。

4–1　グローバルな基本構造への着目の重要性

ロールズの国境を越えた正義論である『諸人民の法』に対しては、彼の国内的な社会正義論である『正義論』での議論との首尾一貫性を問う形で多くの論者から批判がなされてきた。その論点は多岐にわたるが、中でもポッゲの批判（Pogge 2006）は、ロールズの国内／国外の正義論の構造的差異に焦点を当てた批判を行っている点で、グローバルな正義の分業論を考慮していく上で示唆的なものとなっている。

ポッゲはロールズの正義論の構造的差異を、国内的には三層の構造であるのに対し、国外的には二層の構造となっている、と整理している（Pogge 2006: 213–214）。つまり国内的には、正義の原理を選択する無知のヴェールを伴った原初状態における当事者という理論装置と、それによって選択される社会正義の公共的基準（ロールズの正義の二原理）とがあり、そこから特定の経験的文脈に照らして基本構造を設計する作業が行われるという三層構造となっている。ところが国外的な正義の議論においては、原初状態における当事者（諸人民）という理論装置から、国際的なルールが諸人民の法という形で直接的に是認される構図となっている。社会正義の基準に沿うよう基本構造のありようを構築するという前者に対し、後者においては、国際的なルールに直接的に適用される正義の原理という形態をとっている。そのため、原初状態の当事者の利害関心に沿うようこのルール自体を顧みる基準は保持されておらず、それゆえ柔軟性に欠けてしまっている。つまりロールズの「諸人民の法」は、ポッゲの理解によれば、グローバルな基本構造の正しさを問うた制度的な正義構想ではなく、諸国家の並立を前提とし、それらに適用されることがすでに織り込み済みとなっている、相互行為的な正義構想である。そこでは、ともすれば違った形で存在しうる（原初状態の当事者の利害関心をよりよく促進するだろう形で形成されうる）グローバルな基本構造に目を向けられることはない。

どうしてロールズの両領域の正義論において、こうした構造的差異が生じてしまっているのか。ポッゲはそれを、絶対的貧困をはじめとした国内的な事象を国内的な要因にのみ着目することで説明するという、「説明上のナショナリズム」にロールズが陥っていたからであると推測している（Pogge 2006: 217-219）。人びとの所得や富の分配に対して影響を与える要因はその人びとの属する国内社会の中にのみ見出されるのだという前提からすれば、そうした影響を及ぼすものとしてグローバルな基本構造を把握することは当然できない。というのも、第3節でも確認したように、構造内の行為主体に対しての多大な影響力は、基本構造を特別に考慮する上での根拠の一つであったからだ。

かくしてロールズのグローバルな正義論は、ポッゲからすれば、グローバルな基本構造の存在やその影響力に全く注意を払っていない正義構想であるとみなされる。これはちょうど、国内的な社会正義の文脈におけるロールズのリバタリアニズム批判が、グローバルな文脈では彼本人にあてはまることを意味する。ポッゲはそれを踏まえて次のようにロールズの「諸人民の法」の世界を描写している。「ロールズのユートピアにおけるグローバルな経済的秩序は、諸社会間の自由な交渉によって形成されることになる。そこでは、自国の強力な交渉力を利用して、自国の利益を促進するよう有利な仕方で国際的な相互行為に関する取り決めを形成してしまうといった、強大な社会が行使しうる実力を阻止するような、いずれかの原理による制約はない」（Pogge 2006: 217）。もっとも、ロールズの諸人民の法が、ポッゲの論難するように、こうした状況を本当に許容してしまうのかという点については大いに疑問の余地が残る(85)。そうした疑問にもかかわらず、行為主体の相互の関わりにのみ着目するリバタリアニズムとの構造的類似性をここに見て取ることは確かにできる。つまり、諸人民の法――これはその字面からして明白なように各人民の行為を直接に律する原理である――をロールズがグローバルな正義論として展開したことはまさに、そうした相互行為の背景をなす社会の基本構造という制度的正義を主題化していた、国内的な正義論との論理構造上の矛盾を示している、とみなすことができる。

こうしたポッゲのロールズ批判に対しては、国内／国外の異なる正義構想の展開を首尾一貫したものとして擁護する議論も提出されている（Nili 2010; Bercuson 2012）。しかしグローバルな正義の論点として重要なのは、この構造的な差異がロールズ自身の理論に照らして正当化されるのかどうかということよりも、この構造的な差異によって彼の諸人民の法がどのような難点を含むことになっているのか、という点にある。次に、ポッゲの批判を再整理する形でロールズの立場をより明確にし、そして、彼が十分に考慮していたとは言い難い、グローバルな制度的正義の重要性を強調していこう。

まず、ロールズが「説明上のナショナリズム」に陥っており、それゆえグローバルな基本構造の影響を等閑視している、というポッゲの批判は正確なものとはいえない。それは、第二章でも確認したように、彼が「諸人民からなる社会」における公正な貿易について言及する際に、対外的な影響を蒙ることで国内社会の状況が変化しうるということを次のように認めている点からも明らかである。自由で競争的な市場を保証する公正な貿易枠組みをはじめとする、「〔諸人民間の〕協働の諸機構によって正当化できない分配上の効果が諸人民間に生じてしまったならば、これらは是正される必要があるだろうし、援助の義務によって考慮される必要があるだろう……」（Rawls 1999b: 43 邦訳五八頁）。確かにロールズは、ある国家の国内的不平等の是正を含めた国内的社会正義の実現において、当該国家の社会制度やその国の市民の政治文化を決定的な要因とみなしている（Rawls 1999b: 108–111 邦訳一五六―一六一頁）。しかしこれはあくまで、こうした国内制度や政治文化を抜きにして（たとえば国外からの援助だけで）社会正義を実現することはできないという主張であって、国外的な情勢を全く無視しても構わないという主張を意味するものでは決してない。

このように対外的な影響を検討する中でロールズは、グローバルな文脈においても国内社会においてと同等に、背景的正義への配慮が求められると述べている。「私はここで、国内での事情と同様に、公正な背景的条件が存在しそれが世代を越えて維持されなければ、市場での取引は公正なままではあり続けないだろうし、諸人民間の正当化できない不平等は徐々に大きくなってしまうだろう、と想定している。こうした背景的条件やそれが含むすべてのものは、国内社会における基本構造と類似した役割を担っている」（強調点筆者）（Rawls 1999b: 42n52 邦訳二七七頁）。つまり少なくともロールズ本人は、複数行為主体の相互の関わり合いの結果として全体的な制度の公正さが掘り崩されることになりうるということを、グローバルな正義という領域でも一つの問題として捉えており、この点での国内社会との構造的類似性を認識していたと考えられる。

しかしながら、こうしたグローバルな基本構造への問題意識とは対照的に、当の問題への応答において、ロールズの答えは国内のそれと決定的に異なっている。彼は、第二章でも確認したように、その背景的条件が問題とされているグローバルな基本構造に対して、より正確に言えばこうした基本構造における不正義に対して、援助の義務で応答可能であると考えている。改めて確認すると、援助の義務とは諸人民の法の第八の原理にあたる。「諸人民は、正義に適ったないしは良識ある政治的、社会的体制を営むことが阻まれるような、好ましくない条件下にある他の諸人民に対して、援助を行う義務を有している」（Rawls 1999b: 37 邦訳四九—五〇頁）。これは、国内的に正義に適ったないしは良識あるとみなされている諸人民が、そうした諸人民にはいまだなりえていない「重荷を背負った社会」の自律に向けて援助を行うよう求める原理である。グローバルな基本構造において背景的条件が掘り崩されることは、ひいては諸人民の自律や国内的な社会正義を妨げることにつながる。そこでこうした事態に対して要請される援助の義務をもって、背景的な不正にも応答しようとロールズは模索していたのだと考えられる。

この援助の義務は、諸人民が他の諸人民（ロールズの分類では、援助を必要としている時点では「重荷を背負った社会」とみなされる）に対して負っている義務とみなされている点からも明白なように、ある国家と別の国家との関わり合いについての相互行為的な原理である。これは、背景的正義への考慮から社会の基本構造を主題とみなし、それへの制度的正義の必要性を強調していた彼の国内的な社会正義論と極めて対照的である。これはちょうど国内社会であれば、不当な不利を蒙った個人に対して、他の裕福で余裕のある個人が直接的にその人に救いの手を差し伸べるべきといった要請を、グローバルな領域で特定の国家（おそらく富裕な先進諸国）に対して求めている、という構図になる。

つまりロールズは一方で、背景的不正義の可能性といったグローバルな基本構造に関連する問題を把握しており、そこでこの基本構造が各国に及ぼす影響力を認識していた。ところが他方で、それに対してグローバルな基本構造を直接の対象とした制度的正義の構想を持ち出す必要性を認めず、援助の義務のような相互行為的な原理で応答可能であると考えていた、と整理することができる。(86) 制度的正義の課題とみなされるべき問題に対してもあくまで、諸人民という構造内の行為主体を対象とした相互行為的な原理で応答する。諸人民の法を相互行為的なものとみなしていたポッゲの分析はこの点に関して、ロールズの問題認識如何にかかわらず、やはり妥当なものだといえるだろう。

このような特徴を有したロールズの諸人民の法は、彼の狙いにもかかわらず、グローバルな背景的不正義への応答に関して明白な難点を抱えてしまう。というのも、たとえ諸人民が個々の対外政策として正義に適った振舞いを互いに続けたとしても、そうした相互行為の蓄積として生じてしまうものとみなされる事態がまさに、背景的不正義という言葉で指し示すべき状態であったはずだからだ。野心的な国家の干渉や介入といった事態がたとえ存在しなくても、国外的な要因から特定の社会が社会正義を実現していく上で好ましくない状況に陥ってしまうことがありうるということ。その場合、特定の国家の対外的な政策にその原因を追い求めることは不可能であるかもしれないこと。それゆえ、この好ましくない条件を取り除こうとしていったとき、一行為主体たる各国の対外援助としてそれをなしうることができず、グローバルな基本構造という制度的な枠組み自体を変革しなければならないこと。これらの点は、国内的な社会正義の文脈であったならば、社会の基本構造を社会正義の特別な主題とみなす上での論拠として提出されていたものである。

結局のところ、ロールズ自身も国内ならびにグローバルなレベルの双方で依拠しているとみなされる、基本構造論に沿ってグローバルな正義を案出しようとするならば、次のように考えなければならない。すなわち、たとえ背景的不正義という非理想的な状況において行為主体としての諸人民のなすべき行為（援助の義務）が各々にあると認めたとしても、そもそもの正義を達成するため、あるいは理想的な世界の描写のためには、そうした行為への言及だけでは不十分である。そうした行為の背景となる制度を意味する、「諸人民からなる社会」の基本構造のありようが主題として設定されなければならない。

各国共通の背景となるものとしてのグローバルな基本構造への着目がグローバルな正義を論じていく上で重要な要素となるのは、まさに世界の現状が複数国家からなる一つの世界という、国家だけを取り上げてみても複数の行為主体からなっているという事実があるからだ。そこでは、各国の対外政策を見ていくだけでは適切に把握できない問題群が、グローバルに妥当している共通の制度、慣習といった形で存在しうる。[87] 先に見たように、グローバルな基本構造と国内社会で想定されうる基本構造とを正義の考慮対象として全く同等のものとみなすべきかどうかは、議論の余地がある。しかし、共通の制度とその下での複数の行為主体の存在という構造的類似性を見て取ることはできる以上、その類似性から、国内社会の基本構造を特別な考慮対象とみなすべき論拠（背景的正義を確保する枠組みの必要性）は、グローバルなレベルでも妥当すると考えられる。ロールズの諸人民の法は、はからずも、グローバルな基本構造へ着目することが複数国家の存在を前提とした場合も重要であることを示している。そして、それに応答していくためには、各国の対外政策の指針となる原理、各国の相互行為に関する正義の原理のみに依拠することには限界があること、グローバルな基本構造を直接の主題とするグローバルな制度的正義の構想が必要であることを結果的に示唆している。

4-2　国家に対する相互行為的な正義の原理の重要性

ここまでの議論は、今ここにある世界の現状――諸国家のような複数行為主体からなる世界――を考慮する形でグローバルな正義を論じていくのならば、世界全体を一つのグローバルな基本構造として描写しそれを正義の主題とみなす、グローバルな制度的正義という考え方が重要なものとなる、というものであった。このことはそのまま、グローバルな制度的正義だけがグローバルな正義の主題とみなされるべきである、という主張を意味するのだろうか。別の言い方をすれば、グローバルな制度的正義の目的に適っているかどうかという点だけを基準として（つまり、グローバルな制度的正義に還元される形で）、世界中の様々な事柄の正／不正は判断されるべき、ということになるのだろうか。もしそうであるならば、国家間の相互関係は、世界全体としてのグローバルな制度的正義を実現するための道具的有用性という観点からのみ論じられるべきであるし、あるいは、グローバルな制度的正義の枠組みの中で単に許容される、正／不正とは無関係な行為とみなされるべきである。

ここでは、「複数国家からなる一つの世界」というまさにこの現状が、一方でグローバルな制度的正義を重要なものとしつつも、他方で各国の他国との関わり合いに対して適用される国家間の相互行為的正義をも要求する、ということを明らかにしていく。つまり、各々の社会が一つの国家としてまとまり区切られているという、まさにこの事実によって、世界全体としてのグローバルな制度的正義に還元できない各国の相互行為が、特別な問題領域として生じている、ということを論じていく。そのために、相互行為的な原理をグローバルな正義とみなしていたロールズの諸人民の法のその論拠を振り返ることで、この正義の適用対象の重要性を明らかにしていきたい。

先にポッゲの批判を肯定してきたように、諸人民の法は、「諸人民からなる社会」というグローバルな基本構造に適用されるという表現とは矛盾するように、相互行為的な正義構想となっている。それはあくまで、諸人民を行為主体とみなし、それらの間の直接的な関係性を論題としている。もっともロールズ自身、自らのグローバルな正義がこうした形態の原理であることは十分に自覚していたのではないか、と解釈することもできる。それはたとえば、彼が諸人民の法を展開するにあたって、リベラルな人民の対外政策（foreign policy）の理想や原理であることを強調していた点に見てとることができる（Rawls 1999b: 10 邦訳一二頁）。はじめから対外政策という観点に立ってグローバルな正義が案出されていたのならば、諸人民の法に、世界全体としての制度枠組みやルール、そこでの慣習といったものの正義を問おうとするグローバルな制度的正義の視点が欠けていたことは、（ポッゲをはじめとした批判者からすればいかに恣意的な区別に見えようとも）当然の成り行きであった、とみなせなくもない。

このように対外政策という面をロールズが強調していたことの根拠の一つとして考えられるのは、人類がこれまで苛まれてきた巨悪についての彼の考え方である。彼は、「ジェノサイドや大量虐殺は言うに及ばず、不正な戦争や抑圧、宗教的な迫害や良心の自由の否定、飢餓や貧困」といった巨悪は政治的不正義に由来しており、この不正義を取り除くような政策、制度を採用したならば、結果こうした巨悪も無くなるだろう、と考えていた（Rawls 1999b: 6-7 邦訳七―八頁）。この問題意識からすれば、国内の成員に対して効力を持つ国内的な社会制度の正義を達成しただけでは汲み取りきれない巨悪、つまり、不正な戦争や抑圧といったものを生じさせる不正義と、他国の国内的な不正義に対して自国がなすべき行為とが、諸人民の法で応答すべき主要な問題とみなされる。だからこそ諸人民の法は、不正な戦争や抑圧が生じかねない国対国の関係や、援助に関わる国対国の関係（「援助の義務」）を扱う、相互行為的な原理の形態を取っているのだと理解することができる。[88]

もっともこうした考えは、たとえその推察が正しかったとしても、グローバルな正義を制度的正義としてではなく相互行為的正義として論じるべきだという主張を支持する根拠にはならない。というのも、特定の二ヵ国間で戦争や抑圧的関係が築かれることや、特定の国家の成員が飢餓や貧困にあえいでいるという巨悪の要因を、そうした諸国の背景をなすグローバルな基本構造の制度的不正義に見出していくという議論も十分に成り立つからだ。[89]巨悪の要因たる政治的不正義への着目という論拠からだけでは、国対国の関係性と各国内の制度においてのみそうした政治的不正義は存在する、という主張は必ずしも導き出されない。

しかしながら、諸人民の法が対外政策に関わる原理として打ち出されている根拠は、このような実践的な問題関心のみに限られるものではない。ロールズの国内的な社会正義論の延長という位置づけに、その根拠を見出すこともできる。彼はグローバルな正義と国内的な社会正義との関係について次のように述べている。

> 公正としての正義は一般的な構想ではなく、政治的な構想である。これははじめに〔国内社会の〕基本構造に適用され、ローカルな正義やグローバルな正義（私が諸人民の法と呼ぶもの）といったその他の問題は、それらの利点について別個の考察が必要なものと考える。……内から外に向かって、全部で三つの正義のレベルを私たちは手にすることになる。第一にローカルな正義（制度や組織に直接的に適用される原理）であり、第二に、国内的な正義（社会の基本構造に適用される原理）。そして最後に、グローバルな正義（国際法に適用される原理）である。公正としての正義は国内的な正義――基本構造の正義――から始めることになる。
> （Rawls 2001: 11 邦訳一八頁）

彼のこうした議論に沿って整理すれば、閉じられていると想定されていた国内社会の基本構造が今度は外に対して、どのように働きかけ、どのような態度を取るのかという問いへの応答こそが、諸人民の法であるといえる。それは、ロールズの立場である政治的リベラリズムの空間的拡張の論理的な帰結として用意されたものであるとみなすこともできよう。

そしてここで、国内的な政治的リベラリズムの文脈の中で大前提として据えられていたものと同様の事実が、国外的な拡張においても問題として浮上してくる。それは、宗教、哲学、道徳についての理に適った教説は自由の行使の結果として否応なく複数存在することになるという、理に適った多元性という事実と、そうした多様性の一元化は国家権力という強制力を抑圧的に行使することでしか達成できないという、強制力の抑圧的な行使という事実である（Rawls 2001: 33-34 邦訳五八―五九頁）。政治的リベラリズムにとっての課題はまさに、そうした理に適った多元性の下で抑圧的な強制力の行使をすることなく、一つの、安定した、そして正義に適った社会の確立はいかにして可能となるのか、というものであった（Rawls 2005: xviii）。

それゆえ、一つの社会の外に向けての正義構想である諸人民の法においても、国内におけるリベラルな正義構想と同様に、公共的理性に訴えかけることが不可欠なものとされる。国際的な場面でも国内同様、あるいはそれ以上に幅の広い、理に適った多元性が事実として存在すると考えるべきならば、抑圧的に強制力を行使することのないよう、特定の社会だけでしか通用しない教説に基づいてグローバルな正義を構築していくことは避けなければならない。つまり、グローバルなレベルにおける強制力もまた、国内社会においてと同様に、その成員たる理に適った諸人民に是認可能な形となるよう正当化がなされなければならない。そこで諸人民の法の原理は、「多様な諸人民が共有できる言葉で表現される」ことになる（Rawls 1999b: 55 邦訳七六頁）。

こうしたグローバルなレベルにおける強制力の正当化という問いが、国内的な社会正義論からの拡張という論理的な構造と相まって、諸人民の法を相互行為的な原理のものとして特徴づけている。ロールズは、国内的な場面における公共的理性と諸人民の法における公共的理性とを区別して、次のように言う。「前者〔リベラルな諸人民の国内的な公共的理性〕は、自らの政府に関する憲法の必須事項と基本的正義についての問題とを議論する、国内社会の平等な市民の公共的理性である。後者〔「諸人民からなる社会」の公共的理性〕は、諸人民としての相互の関係について議論する、自由で平等なリベラルな諸人民の公共的理性である」(Rawls 1999b: 55 邦訳七六頁)。ここでグローバルなレベルである「諸人民からなる社会」における問題として把握されている強制力とは、グローバルな制度的正義の主題たる「諸人民からなる社会」の基本構造のそれというよりも、国内の市民に対しての強制力としてすでに問題化されていた各国社会の基本構造が、対外的に及ぼすものであったといえる。あくまで、他の社会との関係性の中で行使することとなりうる、自らの社会の強制力が問題化されている。

かくして、各国社会の相互行為的な側面に着目していたロールズの「諸人民の法」は、現状の世界が複数国家から成り立っているという点を考慮するのならば無視されてはならない、現実の問題の一つに対する応答を試みた理論であったということができる。それは、各国も一つの制度として対外的に、同様の制度を担っている他の国家に関与していかざるをえないという問題である。これは、国家という形で制度的にまとまっている社会が複数並立して存在する現状だからこそはじめて生じる、特別な問題である。各国を対象とした相互行為的な原理はまさに、世界の現状が複数国家からなるがゆえに課題として生じ、そこでの正義が問われるべきものとみなされている。

もちろん、複数国家からなる世界というこうした現状は、先に確認したように、複数行為主体の背景としてのグローバルな制度的正義の重要性をも意味する。しかしそのことは、各国の他国へ向けた対外政策に関する相互行為的正義を別個に問うていくこと（つまり、グローバルな制度的正義の実現への手段とは別のものとして考慮していくこと）の意義を否定するものとは必ずしもならない。というのも、こうした相互行為的正義の究極的関心は、世界全体の正義に適った理想的な状態は何かという問いへの応答ではなく、あくまで、自国の対外的な振る舞いにおける正義に適った形態とはどのようなものか、という問いへの応答にあるからだ。異なる課題への応答が、いずれか一つの問いへの一つの応答として収斂すると主張するためには、この違いを認識した上で、さらなる論拠が提示されなければならない[90]。少なくとも、制度に着目する基本構造論の含意を踏まえれば、全体としての制度（グローバルな基本構造）とその下での行為主体の相互行為（各国の対外政策）との間で目的を異にする分業は十分に可能だと想定できる。

グローバルな制度的正義と国家間の相互行為的正義との内容が異なるものとなりうるという点を理解するためには、ロールズ本人が想定する望ましい世界と、実際に彼が「諸人民の法」という形で描いた理想とのギャップを見ていくことが参考となるだろう。彼は、一方で、自らの正義の二原理をはじめとしたリベラルな正義構想を抱くリベラルな諸社会からなる世界を、望ましい世界として明らかに想定している[91]。他方で、諸人民の法においては、リベラルのみならず、非リベラルな良識ある社会も含めた諸社会からなる世界を理想理論に属する「諸人民からなる社会」とみなし、あくまでこれを望むべき世界として描いている。これに対して、ポッゲは次のようにロールズの議論に疑問符を突き付けている。

> 国際的な場面において……ロールズは、良識ある社会は道徳的に劣っているという考えを抱いており、全ての人びとがゆくゆくはリベラルな制度の下で暮らすことを望んでいる。そうした幸運な未来の人類は、良識ある政体を十分に受け入れ、歓迎するグローバルな秩序を維持するという、ロールズの考慮を共有しなければならないのだろうか。グローバルな制度編成の設計を手引きしていくために、普遍的な賛同をもって、

ロールズの正義の二原理を適用していったとすれば、それは悪いこと（不正義なこと）になるのだろうか。（Pogge 2007: 210）

このポッゲの疑問は、グローバルな基本構造の参与者となる世界中の人びとの視点からこの基本構造の理想、正義を論じるという、グローバルな制度的正義の一構想を提起したものである（ここでは、各国社会における正義の二原理の追求というロールズ自身の立場とも重なるだろう理想をさらに越えて、グローバルな正義の二原理というコスモポリタンな理想が想定されている）。

しかし諸人民の法は、グローバルな基本構造という観点から望ましい世界を描くことを試みた正義構想ではなく、自国の社会の基本構造の対外的な制度編成という観点から望ましい世界を描こうとした、相互行為的な正義構想である。自国の強制力を用いてなすべきこと、してはならないことは何かという論点の中での理想であるがゆえに、そうした強制力の行使によって変革してはならない（することのできない）、非リベラルな社会の一部が、リベラルな諸社会とともに理想的な世界の一員として存在しうることになる。

もちろんロールズのこうした議論の難点は、諸人民に対して適用される相互行為的正義をもって、グローバルな正義の全てであるかのように論じてしまっている点にある。これはまさに、グローバルな制度的正義を問う観点が彼に欠如していることに起因している。[92] しかしながら彼の議論は、こうした現実によってはじめて生じる国家（制度）対国家（制度）という関係性、そこでの各国相互の振る舞いといったものが、国内社会の制度に着目するという制度的な正義論のまさに延長として、特別な正義の適用対象として現われることになる、ということを示している。

4-3 グローバルな制度的正義と相互行為的正義との差異——非リベラルへの寛容をどう捉えるか

ここまで社会の基本構造論を参照することで、複数国家からなる世界の現状においては、そうした行為主体の背景としてのグローバルな基本構造を主題とする、グローバルな制度的正義を問う必要がある、と論じてきた。それと同時に、各国がまさに一つの制度として複数存在することから生じる課題（各国の対外的な振る舞い）への応答として、各国を対象とした相互行為的正義の重要性も強調してきた。制度的関係に着目する正義構想に拠って立つならば、まさにその前提ゆえに、グローバルな正義においては制度的正義と相互行為的正義という異なる主題に対しての応答、両者の分業が求められることとなる。

しかしこうした主張に対しては、当然ながら、次のような反論を想定することができる。それは、この二つの形態の正義の目的やその内容は、結局のところ同一のものとなるのではないか、という反論である。ある目的を達成する上での道具的有用性という観点から、グローバルな基本構造と各国の相互関係とで異なる指針が適用されるとしても、その目的は共通のもの（たとえば世界中の人びとの基本的人権の尊重）であるかもしれないし、またそう考えるべきではないのか[93]。特に本章では、グローバルな基本構造論とグローバルな分配的正義との結びつきを強調する主張からは距離を取ってきたがために、一方で制度的正義として分配的正義を、他方で相互行為的な正義として交換的正義を、といったような、国内社会においてしばしば用いられてきた分業の議論をそのまま適用することはできない。グローバルな正義を論じていく中で、結局二つの正義の内容が同一の原理にもとづくものとなってしまうのならば、両者の主題の差異をいくら強調したところで、その理論的意義もまた乏しいものとなってしまうだろう。

ここではこうした反論への応答として、二つの正義への分節化が、たとえ分配的正義をめぐる問いを脇に置いたとしても、グローバルな正義の文脈において意味あるものとなることを示していく。そのために、非リベラルな社会に対するリベラルな寛容論を取り上げたい。これは、グローバルな分配的正義とならぶ、ロールズの『諸人民の法』をめぐってその是非が問われた重要な論点の一つである。リベラルな社会は非リベラルな社会に対して寛容な態度を示すべきなのか、それとも示すべきではないのか。こうした従来の二項対立的な論点も、グローバルな制度的正義と国家間の相互行為的正義との分業という分節化を行えば、違った形で応答すべき問題の一つとして理解することができる。それによって、この分節化の一つの意義を示していきたい。

まずは寛容論の論点を把握するために、これに関するロールズの議論を確認していく。彼は、先にも簡単に触れたように、リベラルでなくても良識ある社会であるならばリベラルな社会と同様に、「諸人民からなる社会」という理想的な世界における関係性の中で自由かつ平等な諸人民として尊重されるべきである、と主張している。そこでロールズは、社会間の関係における自由と平等の追求が必ずしも社会内における自由かつ平等な成員間関係を前提としないということを、大学や教会といった組織を例にあげて論じている。つまり、こうした組織の内部がたとえ民主的でリベラルな形で組織されていなかったとしても、各大学、異なる宗派の教会を平等なものとして想定し、取り扱うべきだと考えられるのと同様に、社会間の関係にもその社会内の関係にかかわらず平等を想定する、というものである（Rawls 1999b: 69-70 邦訳一〇〇―一〇一頁）。もちろん、自由で平等な尊重に値するのは「良識ある（decent）」社会であって、非リベラルな社会のいずれもがそれに当てはまるわけではない。この「良識ある」という観念は、非リベラルな社会内の全成員が、たとえ自由で平等な個人としてみなされていなかったとしても、十分に社会協働の枠組みに参与している、ということを意味している（Rawls 1999b: 71-72 邦訳一〇二―一〇五頁）。そしてこのような良識ある社会が異なる社会間の正義にかかわる諸人民の法において平等な取り扱いを求めたとしても、それは十分に理に適った要求である、とロールズは考えている（Rawls 1999b:

70 邦訳一〇一頁)。

あくまで寛容の対象を社会に据えるロールズのこうした寛容論に対しては、当然ながら、自由で平等な個人としての尊重こそがリベラリズムの根底にあると考える立場から、多くの批判がなされてきた(Kuper 2000: 648-653; Tan 2006)。リベラルな寛容とは、あくまで個人の振る舞いや生き方などに対して適用されるものであって、社会全般に対して適用されるべきものではない。むしろ、個人がリベラルな諸権利を享受できているかどうかといった点、その属する社会からの寛容を享受しているのかといった点を究極的な関心事項とみなすべきである。その場合、非リベラルな社会の成員には当然、その社会が良識あるものであろうがなかろうが、そうした個人主義的な基準が満たされているとは言い難い。そうである以上、個人を対象とする寛容論からすれば、リベラルな社会は非リベラルな社会を自らと同等の社会とみなすべきではない(94)。

しかし、ロールズのグローバルな正義論である諸人民の法のそもそもの主題が、先に見たように各国間の関係にかかわる相互行為的な正義構想であったことを踏まえるのならば、彼の狙いは良く理解できる。問われているのはあくまで、強制力の行使をはじめとしたリベラルな諸人民の自国の対外的な振る舞いである。このことは、リベラルな社会はそうでない社会を軍事的、経済的、政治的な制裁の対象とみなすべきだという見解に抗する形で、リベラルな諸人民による介入や干渉の禁止と非リベラルな諸人民への寛容とを強く結びつける議論を彼が展開している点からも明らかである(Rawls 1999b: 60 邦訳八四―八六頁)。一方の社会が他方の社会を制裁の対象とみなすことは、自由で平等な社会として尊重することの拒否を意味するが、そのためには当然、それを正当化するための十分な理由が必要である。しかし、そうした正当化理由を見出すことのできる社会――国内的に基本的人権が尊重されておらず、国外的に攻撃的で拡張主義的な「無法国家」――と理論上区別される社会に対して、この理由に訴えかける形で制裁を課すことはできない(Rawls 1999b: 61 邦訳八六―八七頁)。そして、良識ある諸人民は諸人民の法を遵守できる（つまり同一の相互行為的な正義構想に従ってリベラルな諸人民に接してくる）という点で、共存可能な社会として想定されている。そうである以上、こうした諸人民にとって受け入れることのできない目的――非リベラルな諸人民のリベラル化の促進――を根拠として、リベラルな諸国自らの制度が保持している強制力をこうした諸人民に向けて行使することは、政治的リベラリズムの国内的な文脈と同様に、抑圧的な強制力の行使とみなされなければならない(95)。

ロールズの寛容論の根底にある問題意識をこのように整理すれば、その欠点もより一層明確に見えてくる。それは、グローバルな基本構造はその構造内の非リベラルな社会に寛容に接するべきなのかどうかという、グローバルな制度的正義として論じられるべき問題を、各国社会の相互行為的な観点からのみ論じてしまっているという欠点だ。ここまでしばしば言及してきたように、彼は「諸人民からなる社会」の基本構造という観念を確かに保持している。そうした基本構造の中で諸人民が互いに自由で平等なものとして尊重していくことこそが重要なのであり、この問題が各国の国内的な社会の基本構造に関する問いとははっきり区別されること、つまり、国外的な関係性においてはじめて生じる問題であることも認識されている（Rawls 1999b: 62 邦訳八九頁）。ところが、そうした目的のために案出される諸人民の法の原理は、あくまで諸人民の対外的な振る舞いに関するものであり、非リベラルへの寛容に関係する各人民の独立の尊重や非干渉の義務は、各人民に課せられたものである（第一原理と第四原理）。つまり彼の寛容論の問題点は、その対象が個人ではなく一国社会となっているという点にあるのではない。真に重要なのは、寛容を示すべき主体が、対外的に相互に関係していく諸国家という世界全体の中での一行為主体に過ぎないにもかかわらず、グローバルな基本構造全体に妥当する原理として提示されてしまっている、という点にある。

こうした難点を象徴的に表しているのが、リベラル化へのインセンティブをめぐるロールズの議論である。彼は、非リベラルな社会に対するリベラル化のための制裁に留まらず、リベラル化へのインセンティブの付与――リベラルないし民主的な諸権利の推進を条件とした援助――もまた禁止されるべきだと主張している。

その主張の根拠として持ち出されるのが、各社会の集団的自己決定の尊重である。「……〔諸人民の〕自己決定は、適切な条件によってしっかりと制約されているならば、人民にとって一つの重要な善である。……リベラルな諸人民の対外政策はこの善を認識し、強制的な様相を取らないようにすべきである。良識ある社会は自分たちの未来を自分たちで決定する機会を有するべきである」（Rawls 1999b: 85 邦訳一二三頁）。集団的自己決定は、それ自体として一つの善であるとみなすことができる。そこで対外援助は、援助を受ける側がこの善を十分に享受できるようにすること、自由で平等な諸人民となることを目標とすべきなのであり、パターナリスティックなものとなってはならない（Rawls 1999b: 111 邦訳一六二頁）。それゆえ、こうした自己決定を十分になしうるとみなせる、非リベラルであっても良識ある諸人民を、対外援助の対象とみなすことは不適切である。そして、当該社会の成員を参与者として十分に包摂して自己決定をなしうることがいまだ困難な、「重荷に苦しむ社会」に対しても、そうした成員の意向を無視して、あらかじめリベラルな社会へと誘導してしまうよう条件づけてしまうようなインセンティブを含めるべきではない、ということになる。

しかしながら、インセンティブの問題は、援助をする側が受ける側に対して付与するといったような相互行為的な側面で生じるというよりも、全体的な制度の特徴づけにおいて生じてくるものである。(96) そうであるならば、リベラル化の促進のためのインセンティブもまた、グローバルな基本構造としての制度によって付与されるものと捉える必要がある。それはたとえば、リベラルないし民主的な諸権利を尊重していこうとしていくための国内制度改革に対しては、そうではない改革と比べて、より自国に有利な形での借款を国際機関から受けることができる、といったようなものを考えることができるだろう。

ここで述べたグローバルな制度からのインセンティブの付与に対しては、各社会の集団的自己決定の尊重をその反対の論拠とすることはできない。というのも、リベラル化の促進という有利な条件に反応するかどうかは、完全に各社会の集団的自己決定に委ねられているからだ[97]。この点で、援助をする側の意向や影響力が否応なく挿入されてしまう、対外援助のケースとは大きく異なっている。これはちょうど国内社会において、さらなる経済的利益を得るために自らの才能を活用するかどうかは各人に任されている、といった構図と同じものであると考えられる。ロールズは、こうしたグローバルな制度的インセンティブ（リベラル化に向けた非リベラルな社会の自発的な借款に対して優先性を付与すること）に対しても対外援助においてと同様に反対しているが、その論拠は集団的自己決定の尊重とは別の、より曖昧なもの――諸社会間に深刻な対立が生じてしまう――である（Rawls 1999b: 84-85, 85n30 邦訳一二二―一二三頁、二九一頁[98]）。

かくして、国と国との対外援助の延長としては拒否されるべきリベラル化へのインセンティブは、各国の自律性を尊重しつつ、グローバルな基本構造という制度的な付与として十分に受け入れることが可能となる。かりにそこでロールズに従って、他国のリベラル化の促進のために自国の強制力や影響力を行使してよい十分な理由をリベラルの見地から導出することができないとしてみよう。そのように考えたとしても、世界中の人びとが各社会で自由で平等なものとして尊重されるという、国家主義の立場からしても理想としては望ましく、コスモポリタニズムの立場からしても現状に比べて望ましい、リベラルな望みを、グローバルな基本構造の中に反映させることは十分に可能であると考えられる。

以上の検討から、非リベラルな社会に対してリベラルな社会は寛容に接するべきかどうかという問題に対して、グローバルな制度的正義と国家間の相互行為的正義との分節化を用いることで、それぞれに別の目標を設定していくことが可能であることが示された。世界的なリベラル化の促進は、自国の対外的な強制力行使への配慮に基づく正義の中では目標とすべきではない。しかし、グローバルな基本構造がどのように形成されるべきなのかという制度的正義の観点からすれば妥当な目標とみなすことができるし、そのための制度設計として、各国の集団的自己決定を尊重する形でのリベラル化の促進――つまりリベラル化へのインセンティブの付与――を組み込むべきだと主張することもできる。リベラルな寛容に関わるグローバルな正義を、相互行為的正義としての非リベラルな社会への寛容と、制度的正義としてのリベラル化の促進とにはっきりと区別していく見解が、この二つの正義の分節化によって導き出されることが可能となる。

5 結論

本章では、「複数国家からなる一つの世界」を理論前提に据えた場合、どのような形でグローバルな正義構想を構築していくことができるだろうか、という問いを立て、それに対し、そこではグローバルな制度的正義と国家間の相互行為的正義という二つの分節化がなされなければならない、と論じてきた。この分節化は、一つのグローバルな関係性という、コスモポリタニズムの論者が尊重してきた要素と、一つの制度としての国家の対外的な関係性という、国家主義の論者が尊重してきた要素との両方を考慮した結果ではあるものの、従来の国家主義とコスモポリタニズム双方の理想理論では十分に把握することのできなかったものである。これら従来のグローバルな正義論のように、グローバルな制度的正義と国家間の相互行為的正義を同一の内容を持つグローバルな正義の原理として描く必要はない。それぞれの適切な原理は、それぞれの関係性に従って探求されるべきものである。

こうした結論に至る際に、本章では、グローバルな基本構造という観念を用いてきた。しかしここでは、そうした基本構造論と密接に関係している分配的正義をめぐる議論はあえて捨象してきた。次の章では、「複数国家からなる一つの世界」におけるグローバルな制度的正義を分配的正義として把握していくべきなのか、そうだとすればそこでの分配的正義はどのような形態を取ることになるのか、について検討していく。

第五章　「国際的な」分配的正義

本章では、前章では扱わなかった、国境を越えた分配的正義の妥当性について論じていく。すなわち、国家間の相互行為的正義と区別されるものとしての、グローバルな制度的正義として分配的正義を捉えた場合、それが何を意味することになるのかを問うていく。ここでは特にこの問いを、国家主義によるグローバルな分配的正義否定論への批判と、コスモポリタニズムによるグローバルな分配的正義論の限界を見定める作業とを通じて検討していく。本章の狙いは、各国家内での分配的正義の追求を否定しない形での、これとは範囲の異なる、国際的な分配的正義という正義構想こそが、「複数国家からなる一つの世界」におけるグローバルな制度的正義の内容の一つとしてふさわしい、ということを示すことにある。

1 分配的正義の範囲をめぐる論争

世界的な所得や富における不平等、十分な生の見込みも持ちえないような絶対的貧困に苦しむ人びとがいまだ多くいる現状を前に、こうした問題を正義の義務に関わるものとして把握しようと試みるグローバルな正義は、現代政治理論の中心的課題の一つとなってきた。このグローバルな正義をめぐる問題において最も議論を呼んだのは、社会的、経済的な財の分配状況の正しさに関わる原理の射程はどこまで及ぶのかという、分配的正義の範囲(scope)をめぐる論争であったといえよう。[99] そこでは、自由で平等な個人の尊重というリベラルな観念に立脚する点で一致しているにもかかわらず、一方で、分配的正義の範囲はあくまで一定の領域内、特に国家の成員間に留まるという国家主義(statism)の立場と、他方で、分配的正義の射程は世界全体に及ぶと考えるコスモポリタニズムの立場との理論的な対立があった。

分配的正義の適用範囲は全体（グローバル）なのか個別（各国内社会）なのかというこの論争に対し、ここでは、個別間という範囲を対象とする正義、つまり国際的な分配的正義の可能性を探っていきたい。本章の主張は、国家主義とコスモポリタニズムの共通する理論前提と現状を踏まえるのならば、国際的な制度的関係において問題となりそこで生じる分配問題に主題を限定した、国際的な分配的正義こそが要求される、というものである。コスモポリタンの主張がグローバルな分配的正義を必ずしも裏付けないことを示すとともに、国家主義の立場からもグローバルな分配的正義が受け入れられないとしても国際的な分配的正義が重要になること、受容すべきものとなることを示していきたい。

続く第2節で、国家主義の論者が分配的正義の前提として重視する成員間の社会協働や強制性は国際的にも存在すること、そこで分配状況が問われるべき制度的関係が存在することを確認する。次の第3節で、国家主義が実際のところグローバルな分配的正義の何に反対していたのかを検討することで、この正義の問題点を明らかにする。そして最後に第4節で、以上の議論から国際的な分配的正義こそが求められること、国際的な分配的正義と国内的な分配的正義の相互関係について論じる。

2　分配的正義の範囲と制度的関係

2-1　国家と分配的正義の範囲

どうして国家の成員間における財の分配状況のみが分配的正義の考慮の対象となるのだろうか。グローバルな分配的正義を主張するコスモポリタニズムを拒否しつつもこの正義の理想そのものを放棄しようとしない国家主義の立場からすれば、この疑問に応答しなければならない。いうなれば、分配的正義の要求の前提条件が国家レベルにおいては存在し、グローバルなレベルでは存在しないことが示されなければならない。その要素としてしばしば強調されてきたのが、国家の成員間の社会協働という事実と、成員間に作用する強制性という事実である。

成員間の社会協働の事実とは、分配的正義の対象となる財が成員間の協働によって産み出されているという面に着目し、その有無を問題とする。分配的正義の原理は社会協働によってもたらされる利益や負担の分配に関わるものだとしたJ・ロールズの議論を踏まえて、S・フリーマンは、こうした社会協働を可能にするために必要な制度的関係、つまり社会の基本構造となるような制度は国家レベルにおいてしか存在しないという点を強調し、分配的正義の場としての国家の特有性を主張している（Freeman 2006a: 38-39）[100]。分配的正義の対象たる財がこうした社会協働によってはじめて生みだされるものだと考えるのならば、こうした協働が存在しないところでの財の分配の正しさを問うことは、そもそも正義の問題とはならなくなる[101]。

もう一つの強制性に着目する議論とは、国家による強制的な権力行使の正当化の必要から、国家の成員間の不平等の正当化として分配的正義の要求が生じるというものである。たとえばT・ネーゲルは、国家の成員がその強制的なシステムの受け手であると同時に書き手でもあるという特徴に、この非自発的な関係性における不平等が正義の問題として考慮されるべき理由を見出している（Nagel 2005: 128-129）。またM・ブレークは、個人の自律の尊重という普遍的な原理から、そうした自律を侵害する国家の強制性を正当化する中で、国家の成員間の相対的貧困は全成員が受容可能な形で正当化されるべきといった要求が生じると論じている（Blake 2001; Blake 2013）。世界国家が現存しない以上、分配的正義の要求は、所与の各国家の成員間の分配のみを対象とすべきとみなされる。

もちろん、社会協働と強制性という二つの論拠の他にも、分配的正義の要求の引き金となりうる要素は考えられる[102]。しかし国家に着目する議論として代表的なものであり、それゆえコスモポリタンの立場からもこの二つを対象として多くの検討がされてきた（Abizadeh 2007; Caney 2008; Armstrong 2009; Follesdal 2011）。それでは、分配的正義の前提条件としてのこれら制度的関係の重要性を受け入れた場合、そこから即座にコスモポリタンの主張――グローバルな分配的正義――は否定されてしかるべきものとなってしまうのだろうか。

2-2　コスモポリタンの主張と制度的関係

コスモポリタニズムの論者の多くは、既存の諸国家が分配的正義の射程を限界づけることに対しては否定的な一方で、分配的正義の引き金として何らかの関係性が前提とされるという考えそのものを否定してきたわけではない。そもそも、ロールズの『正義論』での社会正義をグローバルに拡大する解釈を示したC・ベイツやT・ポッゲの主張はまさに、貿易や外交関係とそれを包括する制度的枠組みの影響力や重要性を踏まえて、国内的な社会の基本構造と同様なものとしてグローバルな基本構造の正義を問おうとするものであった（Beitz 1999a: 143-161 邦訳二一六―二三七頁；Pogge 1989: 240-280）。彼らと同様にD・メーレンドルフも、国境を越えたアソシエーティブな関係性の存在をその主張の根拠に据えている（Moellendorf 2002: 30-44）。こうした議論においても、正義の射程に収められる世界中の人びととは、何ら無関係な間柄ではなく一定の制度的関係を有している人びと、つまり共通のグローバルな基本構造の下にある人びととして想定されている[103]。

こうした国境を越えた世界大の制度的関係を背景として、世界全体を射程に収めたグローバルな分配的正義の主張はこれまで展開されてきた。たとえば上記のメーレンドルフは、この制度的関係に世界中の人々が包含されていることを根拠として、そうした人びとの間の不平等、つまりグローバルな不平等が分配的正義の問題として考慮されるべきだと論じている（Moellendorf 2009b）。

このようなグローバルな分配的正義は、世界中の人びとをつなぐ制度的関係とそこでの平等にもとづいて、世界中の財の分配状況を世界中の個人の観点から考慮するものである。この構想の代表的な例として、グローバルな格差原理があげられよう。そこでは、世界中で最も貧しい人びとの立場を最大限改善するような形での不平等のみが正当な格差として要求される。いずれにせよ、世界全体を射程に収めるグローバルな分配的正義の何らかの構想に拠るのならば、異なる国家間の人びとの間の不平等全てが、この構想の下で正／不正を問われるべきものとみなされる。

まとめれば多くのコスモポリタンは次のような主張を展開しているといえる。

a　社会協働や強制性といった何らかの制度的関係は分配的正義が問われるべき前提条件となる
b　こうした制度的関係は国内同様に、国境を越えて世界的な規模で存在する
c　よって、世界中の人びとの平等を考慮したグローバルな分配的正義が成立する

分配的正義の問いに関する大前提aを受け入れるのかどうかは、国家主義とコスモポリタニズムとの立場を完全に隔てる点とは必ずしもならない。そのため、コスモポリタンの主張が説得的なものとなりうるかどうかは、bやcに問題が無いかどうかにかかってくる。

2-3　国境を越えた制度的関係の強調と応答としての分配的正義

以上のようなコスモポリタンの主張に対して、従来からの国家主義の批判においてはもっぱら、分配的正義の引き金となる制度的関係は国家内においてしかないという点が強調されてきた。先に挙げた社会協働の枠組みや強制性といった事実はまさに、国家と世界との異質さを示すものとして持ち出されてきた。たとえば前述のフリーマンは、国際協働関係は国内的な社会協働に対応する制度とその正義の構築後に成立するという意味で理論的に続発的であり、それゆえ分配的正義の対象となるような社会協働とは異なる、という議論を展開してきた(Freeman 2006a: 39)。同様にネーゲルも、国家間の貿易等の取り決めは各国の交渉による決まりごとの一つであり、国家レベルとは異なり分配的正義の引き金となるような集団的行為ではないと論じた上で、国家レベルと国家間の関係性の質的な違いを強調してきた(Nagel 2005: 141)。これらの点から、分配的正義の要求が生じる国家内の成員間関係と世界中の人びとの関係は同等なものとはならず、よってグローバルな分配的正義という考えは拒絶されるべきものとなる。つまり従来の国家主義の論者が強調してきた批判は、bに疑問を突きつけることによってcという結論を否定する形をとってきた。それは大前提aを共有しつつも、

d　こうした制度的関係は国家レベルでのみ存在する

e　よって、分配的正義は国内においてのみ要求され、グローバルには要求されない

という主張であったといえる。

しかしこうした反論は、既存の国家における制度的関係を比較の対象とするあまり、国境を越えた協働や強制

性の事実やそこでの分配が正義の問題となりうる可能性をあまりに過小評価してしまっている。たとえば国際的な社会協働は、ＷＴＯをはじめとした経済的な制度の下で否応なく形成されており、各国の人びとの生の見込みへのその影響力は重大なものとなっている（Maffettone 2009: 253-257）。つまり、分配的正義の対象として考慮可能な財そのものは、国際協働の産物として現に生じてしまっていると考えられる[104]。

強制性の事実に着目した場合も、たとえ国家に類する強制的権威が不在でも、強制性が特別な正当化を生み出すのと同様の事情は、国家の行為の外部性（たとえば国内農業助成の国外的なインパクト）や、まさに相当する強制的権威（世界国家）の不在ゆえにこそ、生じてしまっているともいえる（Pevnick 2008: 44-49）。また、強制力を行使する行為主体を「国家」といった形で具体的に特定できずとも、体系的な強制力が国際的に働いており、そこでの正義が問われなければならないと考えることも可能である（Valentini 2011b: 217-218）。

もっとも、国家と同様の強制性の不在こそが重要であるという国家主義の立場からの反論があるかもしれない。たとえば前述のブレークは、物質的財の享受の仕方を規定する所有権や契約法といった国家レベルに存在する私法システムという強制性に対してのみ、そこで生じる不平等を正当化する要求がなされるという点を強調している（Blake 2001: 284）。その上、成員間の差異を生じさせるこれらシステムは、各人の所有を確定するという性格上、自律を侵害する強制性であると同時にそれを可能とする条件を形成するという特徴も有し、この点で、国際的な強制性に向けた正当化要求とは異なるものになるという（Blake 2001: 280-281, 280n30）。つまり、分配的正義の平等主義的正当化が要求される強制性とは、物質的財の享受における格差をもたらす類のものに限られ、それはもっぱら国家において生じている、という主張であると考えられる。

しかし、こうしたブレークの議論に対しては、国際的な制度によってもその下にある人びとの間に物質的な格差がもたらされるという点を指摘しなければならない。たとえば、外国投資に関わる条約や協定を含んだ国際所有レジームの下に個人や企業は服している以上、そうした制度によっても各人の富の多寡は一定程度規定されているともいえるし（Cavallero 2010: 19-20）、ＩＭＦや世界銀行、ＷＴＯといった諸制度によって現につくりだされている国際的な貿易レジームや、各国の課税競争などが問題となる課税レジームは、分配的正義によって応答可能な各人の富の不平等を生じさせているともいえる（Benshalom 2010: 37-56）。こうしたレジームへの参加およびルールの遵守が（たとえ原理の上では）自発的なものであったとしても、これだけ国際的な相互依存が進んだ現在においては、非遵守、脱退はただただ形式的な可能性でしかない（Benshalom 2010: 41）。これら制度による強制性が、たとえ自律の尊重にとって必要不可欠なものではないと考えられたとしても、そこでの不平等を分配的正義の観点から正当化す﹅べ﹅き﹅で﹅は﹅な﹅い﹅根本的な理由をブレークは示してはいない。つまり、国家の強制性と同等の国境を越えた強制性の存在が仮に示されていなくても、そこでの財の分配状況を正義の対象とするような意味での強制性は存在している、と主張することは、十分に可能であるといえよう。

こうしたコスモポリタニズムの立場からの再反論は、たとえ国家内の成員間関係と同等とはみなせないとしても、分配的正義の引き金となる制度的関係が国家を越えて現に存在しているということを示している。裏返せば、従来の国家主義の議論は、分配的正義の妥当な範囲が国内社会に留まることを示すものとはなっていない（Armstrong 2009）。つまりそれらは、コスモポリタニズムの結論ｃを拒絶しようとするあまり、現実に照らして不適切なｄを前提として、分配的正義の範囲を不当に限定するｅという誤った結論に陥ってしまっていると理解することができる。

それでは、以上のように国家主義の議論の一つの問題点が示されたことによって、そこから即座に結論ｃが肯定されるのだろうか。つまり、国境を越えた制度的関係から生じる分配状況を考慮する必要性から、世界全体を射程に収めるグローバルな分配的正義の何らかの構想が必然的に導き出されるのだろうか。前提ｂから結論ｃへの推論の妥当性こそが、ここで問われなければならない。以下では、前提bの是非とは別に、グローバルな分配的正義という考えにどのような含意があるのかを、今度は国家主義の主張に沿って見ていきたい。

3　グローバルな分配的正義の何が問題となるのか

3-1　グローバルな分配的正義への国家主義からの反論――喩えとしての二つの社会

前節の議論を踏まえるならば、分配的正義の要求の前提条件となりうる制度的関係を国家内の成員間関係にのみ限定することは不適切だといえる。国家主義の主張をあくまで、こうした特殊な要素の国外における不在を理由に分配的正義の範囲を国内に限定するものと捉えるのならば、これらの存在を確認することで、その限定性を批判することは十分に可能であろう。しかしながらこうした論者の多くは実のところ、国境を越える協働や強制性の有無といった点とは別に、なおもグローバルな分配的正義という観念を拒否する主張を展開している。

そうしたグローバルな分配的正義への反論として典型的に用いられるのが、異なる二つの社会の喩えである。ここではその典型として、ロールズが『諸人民の法』で用いた例を取り上げる。彼は、自らの「諸人民の法」の一原理である「援助の義務」とグローバルな分配的正義（特にここではグローバルな格差原理）とを対比する中で、二つの社会という喩えを用いている。

二つのリベラルないし良識ある国が同程度に豊かで（たとえば主要財で見積もって）、同じ規模の人口を有しているとしよう。第一の国は工業化と（実質）貯蓄率の増大に踏み切り、第二の国はそうしなかった。現状に満足しており、より牧歌的でゆとりのある社会を好むことで、第二の国はそうした社会的価値を再肯定している。数十年後に第一の国は第二の国の二倍の豊かさとなった。私たちがそうしたように、二つの社会ともリベラルないし良識があり、その人民も自由で責任あるものであり、自ら決定をなしえると想定しよう。その場合、第二の国に資金を提供するために、工業化された国に対して課税がなされるべきなのだろうか。援助の義務に従うのならば課税はされないだろうし、それは正しいように思える。ところがターゲットなきグローバルな平等主義的原理であれば、一方の人民の富が他方の人民の富より少ないままである限り、税金の流れが常に生じることになるだろう。このことは受け入れ難いように思える。(Rawls 1999b: 117 邦訳一七一―一七二頁)[105]

グローバルな分配的正義の原理は、異なる豊かさにある社会間の不平等を絶えず考慮することになる一方で、「援助の義務」はそうした事態を引き起こさない。彼の想定では、一定のターゲットや原理の終着点を持たない分配的正義のグローバルな形態は、こうした特徴ゆえに受け入れ難いものになってしまう。異なる社会間ならびに異なる社会の人びとの不平等をそれ自体として問題視すること、いうなれば一つの分配的正義の枠組みの中で世界中の人びとの不平等を考慮することに対する反論の典型例として、こうした二つの社会の喩えは他の論者においても頻繁に用いられてきた（D. Miller 2007: 68-75 邦訳八四―九一頁 ; Blake 2001: 289-294）。

もちろん、この仮想例には多くの問題が含まれている。特に重要な点は、こうした抽象的な二つの社会の喩えが、各々の社会の富の多寡をもっぱら国内的な要因にのみ焦点を当てて説明しようとする、事実上誤った前提に基づいた議論になっているというものである（Pogge 2008a: 145-150 邦訳二二二―二二八頁）。前節での議論を踏まえるのならば、異なる二つの社会の富の差は国内的な要因にのみ由来するとは言い切れず、国境を越えた協働や強制性の産物として生じているという側面も考慮されなければならない。

しかしながら、この二つの社会という喩えにおいては、異なる社会間の相互影響や制度的関係の存在の有無、つまり国際的な社会協働や強制性といった要素が欠けていることを理由として、グローバルな分配的正義が拒否されているわけではない。つまり、前提bが正しいかどうかとは無関係に結論cが拒否されている。「受け入れ難い」として問題視されているのは、こうしたグローバルな分配的正義の構想が、世界全体を射程に収めた単一の原理の下で全ての人びとの享受する全ての財の分配状況の正しさを規定してしまうという点にある。すなわち、グローバルな分配的正義は、その「グローバル」という一元性ゆえに国家主義の立場から否定されるべき正義構想とみなされているといえる。以下では、この一元性が問題とみなされうる二つの観点として、各国の集団的自己決定との対立、各国の国内的な分配的正義との対立を検討する。そこで、前者ではなく後者の論点こそが、グローバルな分配的正義を拒否する上での決定的な要因となっていることを明らかにする。

3-2　集団的自己決定の尊重による反グローバルな分配的正義

まず、一元的なグローバルな分配的正義においては各国の集団的自己決定が十分に尊重されなくなるのではないか、という点を考えていきたい。先のロールズの引用を見ると、そこで諸社会間の意義のある差異を公平に考慮できないという点が反論の根拠となっているようにも思える。自分たちの意志として、それぞれ工業化社会と牧歌的な社会を形成していったにもかかわらず、工業化社会に対してだけ再分配という形のさらなる負担を求めることは不公平だというものである。

これと同様にD・ミラーも、ネーション単位での集団的自己決定の尊重という論拠から、グローバルな平等主義、つまり一元的なグローバルな分配的正義を拒絶している。彼はそこで、様々な財への価値づけには政治的決定や文化的多様性が反映される以上、ある時点での財の分配状況を平等な分配とみなしうるような単一の基準が存在しないという、測定基準（metric）の問題と、分配されるべき財の多寡そのものが各国の政治的決定の影響を受けるため、そこでの社会間の不平等の是正は各国の自己決定の尊重と齟齬をきたすという、動態的な（dynamic）問題をあげている（D. Miller 2007: 56-73 邦訳七一―八九頁）。それゆえ彼の立場からすれば、「文化的に多様な世界において、政治共同体は自らの未来を自らの手で決定できるようにあるべきだ、という観念に何らかの価値を私たちが付与するならば、グローバルな平等からの重大な別離を許容する十分な理由がある」〔強調点は原文〕（D. Miller 2007: 74 邦訳九一頁）。

しかし、ミラーの想定に反して、グローバルな分配的正義の構想と各国の集団的自己決定の尊重が必然的に両立不可能となる、とは言い切れない。国家レベルにおいて、一つの国内的な分配的正義の構想の下で各個人ならびに様々なアソシエーションの多様性や自己決定が承認されるのとちょうど同じ形で、グローバルなレベルでも、各国の集団的自己決定とそこから生じる多様性を一元的なグローバルな分配的正義の下で認めることは可能なようにも思える。(106) たとえば、グローバルな平等主義的分配的正義を念頭に置いて、世界中の人びとの間の不平等を縮減するよう作用する再分配の課税制度の存在を仮定したとしても、その枠組みの中で、工業化を目指すか牧歌的社会を志向するかといった各国の選択の余地は十分にありえると想定できよう。それゆえ、集団的自己決定の尊重ならびにそこから生じる不平等な多様性にのみ依拠する反論は、理想としてのグローバルな分配的正義を拒否する理由として不十分である。

3-3　国内的な分配的正義とグローバルな分配的正義の緊張

次に、一元的なグローバルな分配的正義と各国内社会の分配的正義との関係という点を考えていきたい。もしこうしたグローバルな分配的正義を基本に据えるのならば、分配的正義の問いにおいて各国家の重要性が根本的に変化することになる。というのも、そこでは、世界中の全ての人びとを対象として各国内外の財の分配状況が射程に収められる以上、各国の区別、異なる国家の成員間の区別といったものは分配の正しさをめぐる問いにおいて捨象されるべきものとなるからだ。先のロールズからの引用を踏まえるならば、一方の人民と他方の人民といった区別そのものが分配的正義の問いにおいて意味をなさなくなり、その上で、世界的な不平等を考慮する富の再分配が要求されることになる。つまり、グローバルな分配的正義においては各国レベルでの区別を前提とした国内的な分配的正義を問う意味が無くなってしまう、という問題である。

この点で、集団的自己決定の尊重とは異なり、グローバルな分配的正義と各国の国内的な分配的正義とは両立不可能な緊張関係にあるといえる。たとえばグローバルな格差原理をあげるのならば、この原理のグローバル、各国内両方の適用を主張することには無理がある。というのも、この原理が継続的な財の分配状況の正しさに関わる原理である以上、世界中で最も貧しい人びとの立場を最大化させるのか、各国における最も貧しい成員の立場を最大化させるのかどちらか一方しか追求できないからだ（Freeman 2006a: 6-63）。グローバルな格差原理を主張しようとするのならば、各国の財の分配状況もこれに応じたものとなるよう要求される。その場合、各国（特に先進諸国の成員間）における最も貧しい成員の立場が最大化されるとも、すべきということにも必ずしもならない。これは、他の一元的なグローバルな分配的正義の構想でも同様である。グローバルなレベルでひとたび世界中の財全ての正しい分配が規定されてしまえば、各国家においてはこの正義に依拠した再分配のみが要求されるので、改めて国家レベルにおける成員間の分配の正しさを問い直す余地が無くなってしまうからだ[107]。そこで各国家の立場は、分配的正義の主題としてではなく、こうした正義の下にある個人やアソシエーションの立場に位置づけられることになる[108]。

一元的なグローバルな分配的正義において各国の国内的な分配的正義の意義が失われるとするのならば、こうした正義構想を展開するコスモポリタンの主張には実のところ、次のような極めて根本的な命題が含まれている。それは、

f　国家レベルでの制度的関係は分配的正義の引き金にはならない

というものである。グローバルな分配的正義においては国家レベルでの制度的関係の下にある人びと、つまり、ある国家の成員間にのみ妥当する分配的正義の要求が認められないがゆえに、この制度的関係の重要性が十分に考慮されることもない。

これは、国家レベルでの制度的関係を強調してきた国家主義の議論と真っ向から対立するものである。だからこそ国家主義の論者からすれば、グローバルな分配的正義を主張するコスモポリタニズムは、社会協働や強制性によって結びつく制度的関係を分配的正義の要求に結びつけない立場、つまり前提aそのものを否定する立場として受け止められてしまう (Freeman 2006b: 258)。先に見たように、実のところこの見解に反して、多くのコスモポリタンはこのaを受け入れている。その上で彼らは、こうした制度的関係が国家内に留まらないという点、国境を越えた制度的関係という点から、グローバルな分配的正義を主張してきたのだった。しかし、こうした関係性の存在のみを根拠として、国家レベルでの制度的関係が自動的に否定されることにはならないし、無視すべきということにもならない。前提bから結論cへの推論には、その妥当性が十分に示されておらず、かつ大前提aとも矛盾してしまう、前提fが挿入されてしまうがために、失敗しているといえる。

結局のところ、グローバルな分配的正義は、その範囲の空間的な拡大という特徴よりもむしろ、各国の国内的な分配的正義の限定性を融解させてしまう一元性という特徴に問題が含まれている。もちろん（第一章でも確認したように）、このことによって理想としてのグローバルな分配的正義の構想そのものが即座に否定されることにはならない。それに加えて、分配的正義の問いに際していかなる制度的関係をも前提としない立場（つまり大前提aをそもそも共有しない立場）からすれば、国家レベルでの関係性もそもそも問題として浮上してこないだろうし、[109] fを支持する根拠を新たに示すことも不可能とは言い切れない。とはいえ、分配的正義の引き金となる制度的関係を重視し、その関係性の国境を越えた存在のみを強調するタイプのコスモポリタンの議論からに、一元的なグローバルな分配的正義を肯定する主張を導出することはできない。

以上、グローバルな分配的正義の問題を検討してきた。重要な論点は、国家レベルでの集団的自己決定やその多様性が尊重されるかどうかというよりも、特定の成員間を結ぶ制度的関係とそこから生じる財の分配状況をめぐる正義、分配的正義の問いが立てられそして応答されるべき制度として国家を考慮すべきか否かという点にあったといえる。これらの問題を踏まえて次節では、分配的正義の引き金としての制度的関係を国家の内外のレベルで考慮していく必要から、国際的な分配的正義こそが要求されるということを論じる。

4 国際的な分配的正義という問い立ての必要性

4-1 国境を越えた制度的関係と国際的な分配的正義

前節までの議論で、たとえ分配的正義の前提条件とみなせる制度的関係を国家外に認めたとしても、それのみを根拠として一元的なグローバルな分配的正義を展開することはできない、ということを示してきた。それでは、こうした現状においてどのような正義構想が要求されると考えられるのだろうか。

分配的正義の引き金としての制度的関係の重要性（a）と、こうした関係性が国境を越えて存在するという現状の事実（b）のいずれをも踏まえつつ、分配的正義を成立せしめる諸国家という位相をも考慮しなければならないとするのならば、そこから導き出されるのは、一国家を越えた社会協働や強制性にもとづく制度的関係とそこで生じる分配問題のみを射程に収めた国際的な分配的正義の構想であると考えられる。それは、各国が共に制度的関係によってつながれる中ではじめて生じる財の分配状況に関わる問題や、そこでの正しさを、各国の国内的な制度的関係によって生じる成員間の分配、不平等とは別個に追求していく正義構想である。特定の国家間相互の問題のみならず全体としての国際的な分配を主題とするものの、個別の国家内の分配状況全てを考慮するものではないという点で、国内的な分配的正義と同様に範囲が限定されたものである。

国家主義とコスモポリタニズム、そして国際的な分配的正義構想の三種類について整理してみよう。まず国家主義の分配的正義構想について。これは各国内で「厚い」平等主義的な分配的正義の何らかの構想をそれぞれ個別に追求しつつ、国外においては（基本的人権の尊重や援助の義務といった）「薄い」正義の原理を是認する立場である（図1）。

次にコスモポリタニズムについて。これはグローバルに一元的な分配的正義を構想し、各国内にもその構想が通貫することを是認する立場である（図2）。

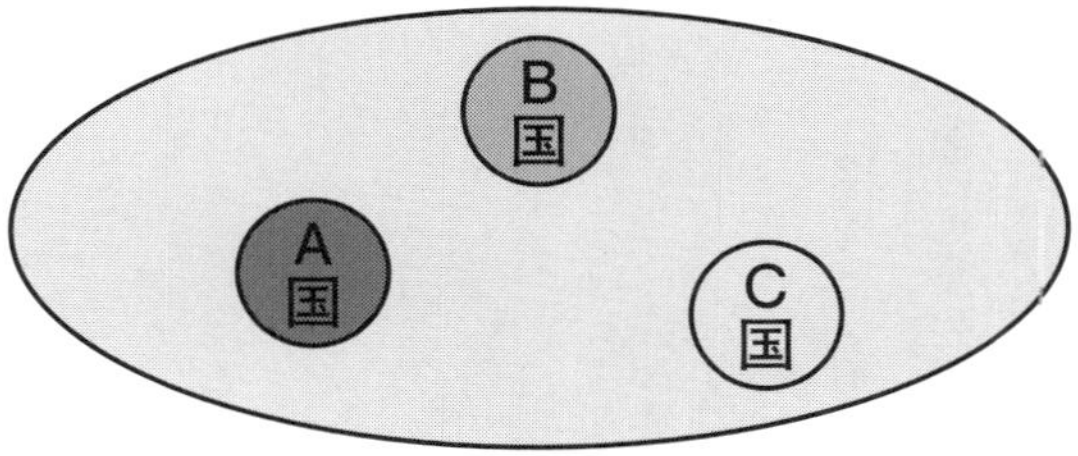

図1　国家主義の分配的正義構想

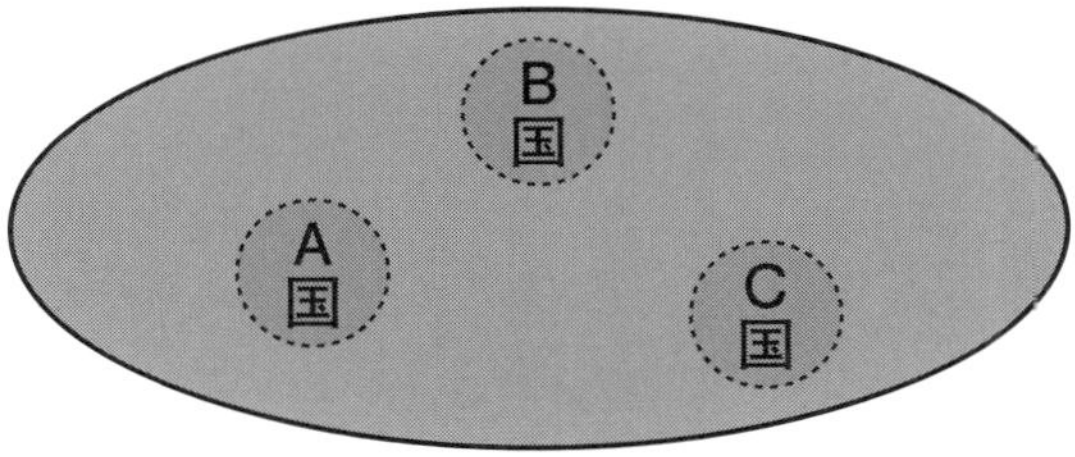

図2　コスモポリタニズムの分配的正義構想

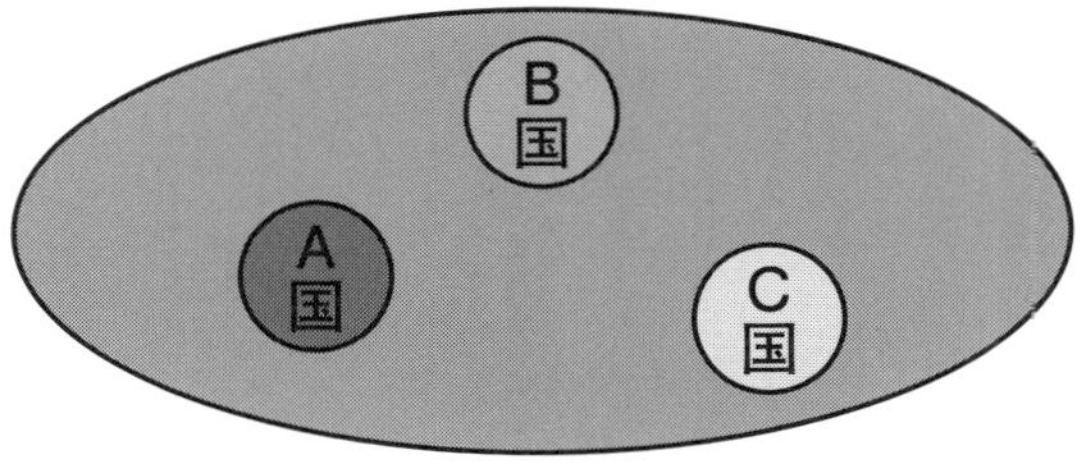

図3　国際的な分配的正義構想

最後に国際的な分配的正義構想について。この構想では、一方で国家主義と同様に、各国内での分配的正義の追求がなされる。しかし、国家主義とは異なり、国外においても「厚い」分配的正義が成立していることを認める。それにもかかわらず、そうした国際的な分配的正義は、コスモポリタニズムとも異なり、各国を通貫する一元的な正義構想という形を取らない（図3）。

国際的な分配的正義

の典型的な主題の一つとして、貿易収益の分配をめぐる問題があげられる。貿易とは、異なる国家間の協働の主要なものの一つであり、それが無ければそもそも生じなかっただろう恩恵や負担を新たに形成するものであると考えられる。そうである以上、一方により豊かな国があり他方により貧しい国があるといった、国家間の全体的な格差を問題視すべき道徳的な根拠がたとえ見出されえなかったとしても、現に生じることとなる貿易の成果の分配の正しさを問うていくことはできるし、そうすべきであると考えることができる。

もっとも、国際協働における公正さへの配慮自体は国家主義の立場からもすでに論じられている、といった反論がありえよう。[110] しかしながら、そうした配慮は、（国内社会と同様の意味での）分配的正義を意味するものとは決してみなされてこなかった。従来の国家主義の立場からの配慮の焦点は、この国際協働への参加を可能とするような条件整備や、形式的な公平さにあったといえる。つまり貿易においては、発展途上国の先進諸国における市場アクセスの保障や貿易インフラの整備を強調するものでしかなかった。しかし制度的関係を前提とする分配的正義の観点からは、こうした参加条件のみを考慮することで話を終わりにするのではなく、協働の産物である貿易収益そのものの分配の正しさが問われなければならない。

また、国際的な分配的正義の追求は、従来の国家主義の要求と異なるだけでなく、コスモポリタニズムの正義構想とも明白に区別される。この点が重要である。すなわち、世界全体の財の分配状況を問題視するグローバルな分配的正義と異なって、その範囲は明確に限定される。グローバルな分配的正義の観点からすれば、ここであげた貿易収益の問題もグローバルな不平等にとっての一構成部分でしかないし、同様に、特定の国家の成員間の不平等も一構成部分とみなされる（ある国家の成員の享受する富の量や成員間の不平等が正義に適っているかどうかは、それが世界全体の人びとの間の分配的正義を参照することによって判明する）。しかし、今まで見てきたように、国境を越えた制度的関係の存在という事実が強調されたとしても、既存の国家レベルでの制度的関係の分配的正義の引き金としての重要性が直ちに否定されることにはならない。たとえ、ある国全体としての豊かさや貧しさを決定する要因の全てを当該国内に求めることができないとしても、同じ国家に属するにもかかわらず生じる成員間の不平等（たとえば特定の税制度、社会保障制度であるがゆえに生じる格差）、分配の問題は、その国家レベルで応答すべき課題として残り続ける。制度的関係を強調する従来の国家主義の議論の要点はまさにここにあったといえる。国際的な分配的正義はその主題を限定することによって、一つの国家という制度的関係に置かれている成員間のみを配慮するような国内的な分配的正義に適切な余地を残すことができる。[11]

分配的正義の引き金としての制度的関係の存在を重視するのならば、一方で各国家レベルでの分配的正義を追求し、他方で国際協働や強制性によって生じる財の分配も考慮する必要が出てくる。その国際協働においては、それぞれの制度的関係の範囲の区別を念頭に置き、それに応じる、国際的な分配的正義への配慮こそがふさわしい。これまでの国境を越えた分配的正義をめぐる論争は、グローバルな一つの枠組みとしてではなく、また、国家という枠組みの内側においてだけでもなく、こうした国際的な分配的正義の構想を実質的には要請するものとなっていると考えられる。

4-2　国内的な分配的正義と国際的な分配的正義との相互関係

本章の最後に、このように区別された国際的な分配的正義と国内的な分配的正義との相互関係について触れる。両者の相互関係ゆえに、国内的な分配的正義にもっぱら関心を寄せる国家主義の立場からしても、国際的な分配的正義をより重く受け止める必要があるということを、簡単ではあるが指摘していきたい。

まず問題となるのは、国内、国際という両領域が因果的な問題として相互に影響しあっている点である。改めて述べるまでもなく、各国社会と世界とは様々な事件やモノ、ヒトの移動を通じて相互依存的な関係にあるといえる。そしてこの相互依存はそれぞれの正義の問題領域においても作用している。国内的な不正義が国際的ないしグローバルな不正義によって維持、助長されてしまうこと、また逆に、国際的ないしグローバルな不正義によって国内的な正義の達成が困難になってしまうという事態は、十分にありえるし、すでに起こっているとも考えられる。(112) そこから、国際的な分配的正義を、国内的なそれと同様に配慮すべき二つの理由を見出すことができる。

一つは、国内的な分配的正義を追求するためにも国際的な分配の正しさを保つことが重要になりうるという点である。たとえば、国際競争という圧力の名の下で、国内的な不平等を十分に改善できないといった事態を想定してみよう。その場合、国内的な分配的正義追求の悪条件ともなりうる国外との関係を無視して、当の正義を追求することは、不適切かつ不十分であると考えられる。つまり、国家主義の立場からして重要視される国内的な社会正義の追求にとって、国際的な分配的正義は道具的な理由で肯定されうる。

もう一つは、国内的な分配的正義の追求が、その外部効果として、国際的な分配的不正義をもたらしうるという点である。たとえば、先進諸国における国内農業保護のための制度や助成金について考えてみよう。これら制度は、都市と農村との格差是正という観点から、国内的な社会正義の要求として正当化されるかもしれない。ところが、そうした制度慣行を許容する国際的なルールを介して、先進国と途上国間の貿易の収益における分配がゆがめられてしまうことは、十分に想定できてしまう。一つの国家の制度や政策が国内、国際双方の分配的正義に関わる影響を及ぼすとするのならば、自国の制度とそこでの正義にもっぱら関心を寄せる国家主義の立場においても、国内の分配問題とは別個に、国際的な分配的正義への配慮が要求されることになる。つまり、各国の制度の正義を問うという国家主義の規範的コミットメントゆえに、国際的な分配的正義は内在的な理由によっても肯定されるべきものとなる。

これらの点から、各国の国内的な分配的正義追求に悪影響を及ぼさないように国際的な制度的関係を形成すること、ならびに、各国個別の決定や行動によってこの制度的関係がゆがめられないように維持すること、つまり国際的な背景的正義の達成と維持とが必要とされる。[113] この背景的正義への配慮から、そこで現に生じている財の分配状況そのものの正しさを第一に問う国際的な分配的正義への応答もまた、重要なものとなる。[114]

この国際的な背景的正義の重要性は、国内社会における制度的関係とそれに対する分配的正義を尊重してきた国家主義の立場にあっても、国際的な分配的正義も国内的な分配的正義と同等に把握されなければならないということを示している。もし、国内社会における背景的正義への考慮から平等主義的な分配的正義の構想が求められるとするのならば、同様の構想――国際的な制度的関係に参与する人びとの平等を根底に据えた国際的な分配的正義の平等主義的構想――が、その背景的正義のために要求されると考えることは、極めて自然な推量であると思われる（この応答については、次の第六章において引き続き検討していく）。

5 結論

本章の議論をまとめよう。分配的正義の前提条件として一定の制度的関係を想定するならば、社会協働や強制性といった要素が国境を越えて認められる以上、その前提に従って、そこで生じる財の分配状況の正義も考慮していかなければならない。しかし国境を越える制度的関係がたとえ強調されたとしても、そのことによって直ちに既存の国家レベルでの同様の制度的関係や、それに呼応する分配的正義の問いの重要性自体が否定されることにはならない。つまりこれらは、分配的正義を国家外においても問うべき積極的な理由となりえても、国家レベルでの分配的正義の追求を否定すべき消極的な理由としては不十分なものになっている。それゆえ、国境を越えた制度的関係の存在という事実のみを根拠として、国内的な分配的正義の意義を失わせてしまう、一元的なグローバルな分配的正義を導出することはできない。これらの点から、分配的正義の射程は各国家内に留まるのか、それとも世界全体を一元的に収めるのかという、単純な二項対立の議論はいずれも説得的なものとなってはいないと考えられる。

以上の検討から本章では、国際的な制度的関係において問題となり、そこで生じる財の分配を国内における分配的正義とは別個に問うていく、国際的な分配的正義こそが要求される、ということを論じた。従来のコスモポリタンの議論はグローバルな分配的正義というよりも、こうした国際的な分配的正義の必要性を示すものに留まっていると考えられるし、国家主義の立場からも、その依拠する議論の前提や国内的な分配的正義への配慮から、こうした国際的な分配的正義は重視されなければならない。

本章で提示してきたグローバルな制度的正義――国際的な分配的正義――は、正義の要求度の軽重によって国内と国外という異なる文脈での正義を分節化するのではなく、それらの範囲の区分を強調して応答するものであった。今までの分配的正義の範囲をめぐる論争においては、コスモポリタニズムにせよ国家主義にせよ、グローバルな分配的正義という国境を越えた一元性の要求と、国家外への分配的正義の範囲の拡大の要求とが同一視されてきたように思える。しかしこれらを区別した上で、後者の要求にのみ応答を試みるような国際的な分配的正義の構想こそが、「複数国家からなる一つの世界」においてより切実に探求されるべきではないだろうか。

もちろん、今ある世界の現状の別の側面――人びとの平等どころか、絶対的貧困のように基本的ニーズも満たせない人びとが多くいる現状――においては、基本的人権のグローバルな実現といった最低限の基本的な正義こそ優先的に配慮されるべき正義の義務だと考えられるかもしれない。しかし、たとえ要求度が高く非現実的に見えたとしても、基本的な正義に関する問いに還元することなしに、国際的な分配的正義の構想を同時に考察していかなければならない。というのも、こうした基本的な正義が人びとの道徳的な働きかけや幸運によって達成されたとしても、依然として分配状況は不公平なままということもありえるだろうし、絶対的貧困にはさほど悩まされていない先進諸国間においても分配の問題は当然のように生じるからだ。そこで、国際的な制度的関係によってもたらされる恩恵や負担が不平等な形で分配されてしまっていたとするのならば、そうした状況そのものを不正と捉えていくためにも、まさにそれに焦点を当てる国際的な分配的正義の構想が必要不可欠なものとなる。

第六章　平等主義的な分配としての国際的な分配的正義

本章では、前章で提起した国際的な分配的正義構想の意味する内容をより明確に示していく。ここでは特に、A・ジェームズによる貿易における公平さに関する主張と本論との異同を検討し、以下のことを論じる。国際協働関係に着目し、そこでの分配的正義を問うている点で、本論とジェームズの議論は共通している。しかしそれは、その問いへの応答が同一のものとなることを意味しない。ジェームズは国際協働の産物の分配に対して、あくまで諸国家を分配取り分の主体とみなすが、そのようにみなす必然性は存在しない。世界中の人びとを直接的に分配取り分の主体とみなすことも十分に可能である。そうした差異は規範的含意の差を少なからずもたらすだろうが、いずれにせよ、国際的な分配的正義という問いを立てることで、国家主義やコスモポリタニズムの見解とは違ったグローバルな不平等への規範的視座――国際協働で生じる財という部分的な不平等のみの考慮――を持つことが可能となる。

1　イントロダクション

前章では、国家主義とコスモポリタニズムとに共通する理論前提（分配的正義の前提条件としての制度的関係の強調）と現在の関係性（各国家とグローバルなレベルとでの制度的関係の二重性）とを前提とするならば、そこから、特殊な範囲に射程を限定する国際的な分配的正義構想が導出される、ということを論じてきた。しかしそこでは、その正義構想において分配取り分を享受するのは誰なのか（国家であるのか個人であるのか）、正義に適った分配パターンとはどのようなものなのかといった、さらに踏み込んだ点への考察は十分になされていなかった。

本章では、そうした残された論点について検討する。それによって、本論で示した国際的な分配的正義とはどのような正義構想となるのか、その意義とは何なのか、といった点を（不十分ながらも）より明確に示していきたい。すなわち、本章の問いは以下のようなものとなる。「国際的な分配的正義の原理として、どのようなものを考案することができるのだろうか」。

この問いへの応答にあたって、本章では、貿易における公平さを検討課題としそれへの平等主義的分配を主張している、A・ジェームズの議論（James 2012）を手がかりとして、国際的な分配的正義の内容についての素描を試みたい。序章でも触れたように、彼の主張は、現行のグローバル経済のありように大きく依存した立論となっており、その方法論において本論のものとは大きく異なっている。しかしながら、以下で見るように、国際協働の産物としての財のみを考慮対象とするという、特殊な範囲の分配的正義論を国際関係における公平さの主張として提示している点で、本書の主張と重なり合っていることも確かである。

このジェームズによる公平さの原理の内容と、それがどういった論拠をもって導出されているのかを比較の材料とすることで、本論のこれまでの議論で主張してきた国際的な分配的正義のありうる内容をここで提示していきたい[115]。それを暫定的に示すと次のようなものである。グローバルな制度的正義の一つとしての国際的な分配的正義は、世界中の個人を分配取り分の主体とみなす、平等主義的な原理である。

そのための作業として本章では、次の第2節において、国際的な分配的正義の主張に内包されるテーゼを二つに分節化し、その主張内容の明確化を行う。続く第3節において、ジェームズが主張する原理の内容と、その前提となるグローバル経済に対する彼の理解について概観する。そこで彼の主張する原理が、国家を主体としつつも、二段階的に個人の分配を規定する内容となっていることを確認する。そして第4節において、グローバルな制度的正義としての国際的な分配的正義という本論の理解からは、ジェームズとは違って、一段階的な個人の分配取り分への考慮がなされることになるだろうことを示し、それぞれの意義の差異を明らかにする。

2　国際的な分配的正義の二つのテーゼ

はじめに、前章で擁護した国際的な分配的正義が何を意味するのか、特に従来のグローバルな正義論という理論ならびにグローバルな不平等という現実に対してどのような意義を持ちうるのかを明白にするために、国際的な分配的正義に内包されるテーゼを二つに分節化しておきたい。

弱いテーゼ：制度的関係を分配的正義の前提とするならば、複数国家の間でなされている国際協働の産物に焦点を当てた分配的正義が問われなければならない

強いテーゼ：国際的な分配的正義は、国内的な分配的正義と同様の、個人を分配取り分の主体とみなす平等主義的な分配を要求する

前者は、特定の協働関係がそれ固有の分配的正義の問いを生じさせる、ということを主張するものである。後者は、そうした分配的正義について個人主義的かつ平等主義的な応答を主張するものである。前者を受け入れつつも、後者に異議を申し立てる見解も想定可能である以上、この二つを区別する必要がある。

弱いテーゼについて。これは前章の第五章において、分配的正義の妥当な範囲をめぐる国家主義とコスモポリ

タニズムとの論争への批判的検討から導出した主張である。あらためてその要点だけを述べるならば、分配的正義は社会協働や強制性といった一定の制度的関係でむすばれる人びとの間において道徳的な問題となるという、グローバルな正義論の多くの論者によって共有されてきた関係論的前提を念頭に置いた場合、そこからは、各国の国内的な制度的関係とは別の、国際協働関係をターゲットとした国際的な分配的正義の要求が生じてくる、という主張である。

この弱いテーゼの含意とは、従来の国家主義的ないしコスモポリタニズム的なグローバルな正義構想を否定することで、グローバルな不平等についての従来とは異なる理解の道を開くことにある。弱いテーゼが受け入れられたのならば、一方で、国家主義の論者の主張とは異なり、諸国家間での協働関係による産物が分配的正義の考慮対象とみなされるべきものとなる。国家主義の立場においてグローバルな不平等は、それが各国の国内的な社会正義に悪影響を与える限りにおいて考慮される。それに対して弱いテーゼにおいては、諸国家間の関係性で生じた分配的不平等は、それが各国内に悪影響を与えるかどうかにかかわらず、正義の観点から正当化されるべきものとみなされる。そしてこのテーゼからすれば、他方で、コスモポリタニズムの論者の主張とは異なり、世界中の個人の享受する財すべてが考慮されるべきものとみなされることはない。というのも、関係論的前提に立つ以上、各個人が市民として属する特定の国家の制度としての根本的意義は見落とされてはならないからである。そのため、グローバルな不平等を一元的に正義の考慮対象とすることは否定されるものの、それを形成している重要な一部分――貿易をはじめとした国際協働――の分配状況は、正義の観点から問われるべきものとみなされる。それゆえ、弱いテーゼは、それ自体は特定の分配パターンを正義の原理として確定しない主張であるものの、グローバルな正義論の第三の構想として、理論的にも現状への規範的把握の一見解としても有用なものとなるだろう。

強いテーゼについて。弱いテーゼが範囲の限定的な分配的正義の問いの存在を主張するものであったのに対して、強いテーゼは、その問いに対して個人主義的かつ平等主義的な原理でもって応答されるべき、と論じるものである。このテーゼの論証は前章において十分になされてはいない。あくまで国内的な社会正義論と同様の推論を行うならば、言い換えるならば「同じものは同じく扱う」という一般的な原理から、国際的な制度的関係で生じる財の分配についても、国内的な社会正義論の原理（成員間の平等を基軸とした分配原理）が妥当なものとなるだろう、といった示唆に留まっている。

この強いテーゼの論証には、（国家ではなく）世界中の人びとを分配取り分の主体とみなすという個人主義についての正当化と、そこで平等な個人を想定するという平等主義についての正当化とがなされる必要がある。そのための十全な論証を、想定されうる反論を十分に踏まえた上で、ここで展開することは残念ながらできない。第4節にて再び言及することになるが、ここではあくまで、個人の分配取り分を正義に適った形で確定するという、制度的関係に着目した分配的正義論の前提からすれば、同様に、国際的な分配的正義も個人を対象とし個人間の平等を基軸として考察すべきであるということ、つまり「同じものは同じく扱う」の論拠から、強いテーゼが一応想定されうる、ということを指摘しておきたい。これは逆にいえば、（国内と）同様の分配原理が妥当なものとはならないと主張するためには、それを正当化する国際／国内との制度的差異を想定すべきなのかどうかという検証が必要となることを意味する。そしてこの特定の問いに対する妥当な応答という検証は、当然ながら、弱いテーゼを受け入れた上でなされなければならない[116]。

それでは、この強いテーゼの含意はどのようなものとなるのか。次に、この強いテーゼと部分的に重なり合う、平等を基軸とした分配を公平なものとして主張しているジェームズの議論を参照する形で、国際的な分配的正義の平等主義的な原理の含意を示していく。あわせて、ジェームズの議論と本論の主張との差異についても明らかにすることで、国際的な分配的正義の内容をさらに明確にしていく。

3　A・ジェームズによる貿易の公平論

ここでは、ジェームズによる国際正義の一構想——貿易実践に焦点を当てた公平さの要求——について概観する。本節の狙いは、この作業を通じて、彼が上記の弱いテーゼを肯定していること、そして、強いテーゼについては二つの原理の二段階的な適用によって特殊な平等主義的主張を展開していることを示し、その根拠を明らかにすることにある。

3-1　貿易実践と分配の公平さ

はじめに、ジェームズがどうして現行の貿易実践を特別な道徳的考慮の対象とみなしているのかを、簡略的にではあるが確認する。彼の基本的な主張は、いま私たちが眺めているグローバル経済は諸国家というシステムに立脚しつつも、それ自体がその公平さを問われるべき社会実践の一つとなっており、それゆえ、その参与者に対して理に適って拒絶できない形で道徳的に正当化されなければならない、というものであると整理できる。公平さが問われるべき社会実践とは、彼に従えば、それへの参与者相互の行為ならびに他者の行為への期待が、脱中心的に形成されつつも、実践そのものへの共有された目的に応じて調整されているような状況を指す（James 2012: 37-38）。そこで社会実践は、それ自体の性格や特徴に照らして、それに参与している当事者に対して正当化されなければならない（James 2012: 27-31）[17]。

そしてこの「構築主義的」な方法論を踏まえつつジェームズは、現今のグローバル経済がそうした社会実践そのものであると論じる。それは、参与者となる諸国家間の差異の存在という脱中心的な政治状況と、そうした状況下ゆえにあくまで部分的なものに留まる経済統合、そして政治と経済との相互依存性によって大きく形づくられている（James 2012: 21-23）。そうした状況下においても、諸国家は、一つの共有された目的に沿って諸国家間をまたぐ市場経済に参与している。その目的とは「国民所得の増加（the augmentation of national income）」である。それゆえ共通の市場経済への依拠という現行のグローバル経済は、そこで生じる財の分配をめぐって、その公平さが問われるべき一つの社会実践とみなされる。「貿易という国家所得の利得は国際的な社会協働の果実であり、相互的な市場への依拠という社会実践の共同の産物（the joint product）である」（James 2012: 17）。

それでは、実際にジェームズはどのような原理をもってこの貿易実践の公平さについての主張を展開しているのだろうか。彼は以下の三つの原理を提示している。

集合的な配慮（**collective due care**）**：**貿易国は、貿易の危害から人々を保護すべきである（一時的な貿易障壁や「セーフガード」などを用いるか、あるいは自由貿易の下での直接的な補償や社会保険枠組みを用いることで）。特に、いかなる人の人生の見込みも、その人の属する社会が閉じられた社会であったのならばそうであっただろう状態より悪化させられてはならない。

国際的な相対利得（**international relative gains**）**：**各貿易国への利得は、それが（たとえば特別な貿易特権を通した）貧しい諸国への不平等な利得の流れを意味するものでないかぎり、各国自前の資産（their respective national endowments）（人口規模、資源ベース、開発レベルなど）に応じて調整された上で、平等に分配されるべきである。

国内的な相対利得（domestic relative gains）：貿易国に付与された利得は、各人に受容可能な形で利得の不平等を正当化する特別な理由（たとえば、報酬の不平等が生産的な活動を誘引することで最も恵まれない立場の見込みが時とともに最大化される、といったような理由）がないかぎり、その影響下にある成員間で平等に分配されるべきである（James 2012: 203–204）。

ジェームズは、これら三つの原理が実践参与者の視点からして理に適って拒絶されえないと主張し、代替となるその他の原理との比較検討からその論証を試みている。ここではその論証の成否ではなく、彼の提示している原理の特徴とその含意に着目していきたい。

まず強調すべき点は、これら原理があくまで国際協働の産物（貿易による各国の利得）のみに適用されるということだ。これは先にも言及した、諸国家の並立という形での脱中心的な現状の国家システムと（グローバリゼーションの深化が叫ばれつつも）部分的な経済的統合とが現在の状況であることを前提とした、貿易実践——諸国家という区別を前提としそれによって成立している実践——があくまで対象となっているからである。

さらにここでの原理が、貿易によって生じた利得の分配に言及する公平さの原理であるという点も見過ごされてはならない。これら原理は、たとえば貿易という国際協働に参与していくための（形式的であれ実質的であれ）機会の平等といったもののみに注意を払う見解とは異なり、分配の結果にあくまで焦点を当てている。分配の結果が重要となるのは、この貿易実践そのものが、各国の利得の増加を共通目的として成立しているからである。そうである以上、貿易参与国は、そうした貿易という協働の産物そのものへの基本的要求を有していると、ジェームズは理解している（James 2012: 232）。

以上の点から明らかなように、貿易における公平さを論じたジェームズの正義構想は、国際関係の中で生じる財の生産に各国が参与しているという点を特に強調し、そこで生産された財の分配状況を道徳的な考慮事項とみなすことで、前章で述べてきた国際的な分配的正義構想としての特徴を如実に有しているとみなすことができる。それはつまり、彼の議論において、先に定式化した弱いテーゼが内包されていることを意味する。彼の見解からしても、分配の公平さが問われるべき財は、世界全体の財ではなく部分である。そしてそうした財への考慮は、それを生み出す際の機会の着目に留まらず、各国がいかにして享受しているのかという分配の問題にまで及ぶ。もちろん、彼の主張する三つの原理の含意はそれに留まるものではない。以下では、利得の分配に特に関連する後ろの二つの原理に焦点を絞って、それらが特異な平等主義的形態をとっていることを見ていく[118]。

3-2　貿易による利得の平等主義的な分配

先に示したジェームズによる国際的な相対利得と国内的な相対利得の原理は、その内容からして明らかなように、正当な不平等を認める余地を残しつつも、平等主義的な分配原理となっている。すなわち、国際的な相対利得原理にもとづいて、国際協働の産物に対する諸国家の分配取り分は平等を基軸として定められる。例外的に認められる不平等は、貿易参与国の絶対的な基準における貧困に恩恵を与えるものだけである[119]。そして国内的な相対利得の原理においても同様に、平等が基軸として据えられている。いずれにせよ、貿易という国際協働の産物の分配という問いに対して彼は、平等を基軸とした分配が公平なものとして要求されると理解している。

それではどうしてジェームズは、平等をかくも重要な基軸として位置づけているのか。彼の説明によれば、その公平さが問われるべき社会実践である貿易においては、その実践に参与している諸国の間で以下の三つの想定が成立するがゆえに、平等な利得が基軸にふさわしいとされる。その想定とは、当の実践に参与する当事者たちの道徳的平等という地位の平等（status equality）、少ない利得より大きい利得の方が好ましいとする利害関心の対称性（symmetry of interests）、いずれか特定のふさわしい利得を定めうる、公平な分配とは無関係な特別な資格の欠如（absence of special entitlement）の三つである（James 2012: 168）。いうなれば、貿易という協働関係そのものの公平さが検討されるべき段階においては、そこに参与して共に当の実践を成り立たせる諸国間に特別な差異を見出すことはできない。そうである以上、参与国間の平等な利得が、そうした諸国に正当化可能な分配を案出していく際の適切な基軸として据えられることになる。

　このように、ジェームズの国際的な相対利得の原理は平等主義的な原理となっている。しかし注意しなければならない点が二つある。一つは、そこでの平等を基軸とした分配はあくまで、貿易に参与している諸国家を分配取り分の主体とみなしているという点である。もちろん国内的な相対利得の原理でもって個人への考慮がなされるものの、この原理は、国際的な相対利得の原理で各国の公平な分配取り分が定められた後に、その取り分をさらに成員間で平等を基軸として分配すべきとするものである。改めて述べるならば、貿易という国際協働の産物の分配をめぐって、あくまで諸国家をその分配取り分の主体とみなした上での平等主義的な原理を彼は主張している、と理解することができる。

　こうしたジェームズの主張の背景にあるのは、先にも言及した、現今の社会実践としてのグローバル経済は諸国家システムによって成立しているという前提である。「個人ではなく国が、〔国際貿易という〕この関係に直接的に参与している。規則的な経済活動を通じて、個人は間接的にこの実践に参与するのだが、一つの全体としての社会こそが、その他の社会と相互的に、一つの共通の市場に依拠している。個人や企業はこの共通の市場の中で、競争や自発的交換をおこなう。しかし、この市場それ自体の国際的な構築、維持こそがここで関連している類の参与であり、それは、国富の相互的増加というより広大な目的のためのものである」〔強調点原文〕(James 2012: 168)。すなわち、国際的な市場経済というこの実践そのものを成立させるべく直接的に参与しているのはあくまで諸国家であり、個人や企業はただただその中での行為者でしかない。それゆえ彼からすれば、この実践の公平さも個人ではなく国家を主体として考察されるべきものとなる。これは、彼の議論とコスモポリタニズムの議論とを分かつ根本的な対立点にもなっている。ジェームズからすれば、あくまで、「各人の公平な取り分とは、その人の属する国の公平な取り分である」(James 2012: 170)。

もう一つの注意すべき点とは、国際的な相対利得の原理における平等な取り分とは、各国自前の資産に応じて、調整された上でのものであるという点である。この調整の必要性は、貿易の産物のみがここでの公平な分配のターゲットとみなされるという前提に由来する。各国の人口規模や資源量をはじめとした資産を、貿易そのものの産物とみなすことはできない。むしろ、そうした資産の各国の差異を用いた分業をもって、生産的な関係性としての貿易はそもそも成り立っている(James 2012: 180–181)[120]。そして、各国が貿易から実際に受け取る利得は、それぞれの国の資産によって大きく左右される(James 2012: 222)。そうである以上、平等な分配原理は、そうした資産の差異を織り込む形で諸国家に対して適用されるべきである。

この二つの注意点を踏まえて、ジェームズの平等主義的な原理の特徴を整理するならば次のようになる。貿易という国際協働の実践を成立させる参与者であり、それゆえ公平さの考慮対象となるのは諸国家である。諸国家はその国際協働の参与において互いに平等であるが、当の国際協働による産物として獲得する利得の程度は、(国際協働の産物とみなされるべきではない)各国の自前の資産に左右される。そのため、各国の自前の資産を調整した上での平等な分配を原則とした国際的な相対利得の原理が、国際協働の公平さのために要求されることになる。

それでは、以上のジェームズの議論を本章第2節で提示した強いテーゼと照らし合わせるとどうなるだろうか。彼の提示した原理は、まぎれもなく平等主義的な分配原理である。しかしながらそれは、個人ではなく諸国家を第一の分配取り分の主体とみなす点で、国内的な分配的正義論（これは当然ながら成員としての個人が分配取り分の主体となる）とは異なる。[121] もっとも、国内的な相対利得の原理によって、各国家内での成員間での国際協働による利得をめぐる平等にも配慮がなされている。[122] それゆえ彼の主張は、平等主義的な内容を持ちつつも、異なる原理を二段階的に適用することで個人の取り分の平等を要求する、国際的な分配的正義の特殊な正義構想となっているとみなすことができる。その特殊さはまさに、国際協働という社会実践のありように即して公平さの原理を構築していこうとする、実践依存的なジェームズの手法に根差しているといえる。

4 グローバルな制度的正義としての分配的正義

ここまでは、ジェームズによる国際協働への公平な要求の意味するところとその根拠とを見ていくことで、前章で展開した国際的な分配的正義と彼の立場とがどの程度重なり合うのかを検討してきた。彼の議論と本書とでは、分配的正義の範囲をめぐる問いに関する弱いテーゼにおいて立場が重なり合っている。しかし、それに対しての応答にあたる強いテーゼにおいては事情が異なってくる。彼はあくまで、現行の国際協働のありように立脚し、その文脈に即した固有の諸原理を主張している。

そこで本節では、特殊な範囲に限定される国際的な分配という問題に対して、諸国家を分配取り分の主体としつつそこから派生的に個人の平等を考慮していくという、ジェームズ的な応答のみが妥当なものとなりうるのかどうかを検討していく。先に掲げた強いテーゼ――国内的な分配的正義においてと同様に、個人主義的かつ平等主義的な分配原理の主張――は、国際的な分配をめぐる問いへの応答としてふさわしいものとはならないのだろうか。その検討にあたって、最初に、第四章で論じたグローバルな制度的正義という観念に訴えかけることで、国際的な分配取り分の主体に世界中の個人を位置づけるための一応の根拠を示していきたい。その上で、個人に直接的に焦点を当てることを批判しているジェームズの議論に応答することで、彼のような諸国家の平等を基軸とした分配原理以外にも、強いテーゼが成立しうる余地が残されることを示していく。

第2節において言及したように、本論では「同じものは同じく扱う」という一般的な論拠から、制度的関係にもとづく国際的な分配的正義の問いに対しても同じように応答するべきではないかという、強いテーゼを想定している。これをいくぶんかでも補強するために、ここでは、第四章で論じてきたグローバルな基本構造という観念に訴えかけたい。その章において、この観念の検討を経て強調したのは、諸国家間の相互行為的正義とグローバルな制度的正義との分業の必要性である。それは、特定の国家が対外的に行使する強制力についての正義の問いと、そうした複数の諸国家関係の基盤となるグローバルな基本構造についての正義の問いとの分節化を要求する。そこでは、ロールズの寛容論を題材として、前者の正義としては拒否されるべきリベラル化（世界中の人びとの平等な自由に関する権利保障）のためのインセンティブ付与が、後者の正義としては許容されうることを示してきた。つまり、世界中の人びとに多かれ少なかれ影響を及ぼす（及ぼすことが可能である）グローバルな基本構造の正義を問うにあたって、それを諸個人に焦点を当てて構想することは十分に可能であるし、それは、それ自体が正義を問われるべき諸国家（国内的な社会正義ならびに諸国家間の相互行為的正義）の道徳的意義の尊重と、十分に両立可能である。

こうした可能性について、ジェームズはどう反応しているだろうか。先に見たように、彼が国際協働における分配を諸国家の平等を基軸として考慮していった理由は、そうした諸国家こそが当の協働的な実践を成立させている参与者だからであった。それゆえ、そうした直接的な参与者ではない世界中の個人を分配取り分の主体とみなす分配原理は、ジェームズにおいて、当の実践そのものの外側の原理に訴えかける、コスモポリタニズムの原理であるとみなされてしまう（James 2012: 242–243）。しかし、そうしたコスモポリタニズムの原理——そこで各人の属する国がどこであるのかは道徳的に恣意的な要素として捨象されるべき事柄とみなされる——は、彼の議論からすれば、現行の貿易実践の目的と根本的に矛盾してしまう。というのも、そうした貿易実践は、各国自前の資産（と各国の差異）を元手とする形でそもそも成立しているからだ。「〔現行の貿易実践の〕目的とはまさしく、諸国がその所与の資産（assets）を相互に改良していくことにある。そこではある程度、生産を容易にするために「自然的な」差異が有効利用される。その目的は、資産ないしそれらの利益そのものを再分配することにはない。また、貿易という〔国民所得の〕増加機能を背景的な資産が形づくるかぎりにおいて、そうした資産は、〔実践に〕内的な条件における正当化可能性にとって妥当な考慮事項である」〔強調点は原文〕（James 2012: 243）。

　しかしながら、分配取り分の主体は（国家ではなく）個人であるべきという主張と、各国自前の資産の差異そのものを無視するのみならず、そうした資産そのものの再分配を要求するとみなされているコスモポリタニズムの原理にもとづく主張とは、必ずしも同じものとはならない。というのも、ここでの前者の主張はあくまで、そこで分配状況が問われるべき財とは国際協働の産物に限られるという、国際的な分配的正義の弱いテーゼを前提として展開されているからだ。

　この二つの主張の差異を見ていくためには、K・オルソンがジェームズに反論する形で提示した、調停されたコスモポリタニズム（mediated cosmopolitanism）の原理が考察のため格好の材料となる（Olson 2014: 278–279）。これは、異なる資産を有する諸国の間の全体的な利得の平等という観点にもとづきつつも、国際協働によって生じる財のみを公平な分配の考慮事項とみなす原理である。そこで国際協働による財は、全体的な利得の平等により適う形で分配されることが公平なものとなる。もっとも、そうした国際協働による財はあくまで、全体の利得からすれば限定的なものである。そのため、世界中の人びとの享受する利得に対する完全な平等主義的な分配原理とはならないものの、ジェームズの諸原理と比べて、全体的な利得においてより平等な分配が要求されることになる。

上記の差異をより明確にするために、オルソンによるスケッチをここでさらに簡略化して再構成してみよう。それぞれが自足的な状況において、A国は一〇〇の製品を、B国は六〇〇の製品を生産できたとする。両国の間で貿易関係が築かれることで、全体として一〇〇〇の製品が生産可能となったとする（貿易による増加分は三〇〇）。ジェームズの原理に従えば、A国は一〇〇＋一五〇を、B国は六〇〇＋一五〇を得る。それに対してオルソンの掲げる原理においては、全体としての一〇〇〇の等分は要求されない（それはB国の自足的な生産を下回ること、つまり貿易がB国にとって損害となることを意味してしまう）ものの、全体の利得のさらなる平等化が図られる。つまり、A国に対しては一〇〇＋二五〇、B国に対しては六〇〇＋五〇という、貿易による生産分の不平等な分配が要求される（B国にも五〇の取り分が発生するのは、貿易実践に参与することがB国にとって無益なものとならないようにという配慮からである）。

このオルソンの主張する原理こそが、本書の定義からしても、まさにコスモポリタニズムの原理である。というのも、この原理は、問われるべき財の分配状況として世界全体を勘案し、その正義の達成や近似のために貿易による成果の再分配を促す、という構図になっているからだ。つまり、国際協働の産物ならびにその分配はあくまで、コスモポリタニズムの原理を実現するための、（本来の目的に照らせば）不十分な手段の一つとして位置づけられている。それゆえ、この原理は実のところ、本章で述べた弱いテーゼと相反するものとなっている。グローバルで一元的な理想的分配状況に近似させるべく国際協働の分配結果を調整するという発想は、国際的な分配的正義という範囲の限定性を無視したものとなってしまうからだ。

コスモポリタニズムへの疑義という同様の観点から、ジェームズもまた、彼の議論は実践の公平さという問題関心から、あくまで国際協働に由来する利得の分配のみを考慮したものだという点を再度強調し、反論している(James 2014: 300)。しかし、そのことによって彼は、各国自前の資産の差異を無視したコスモポリタニズム的な主張に対しての反論が、分配取り分の主体を個人に据えるべきという主張に対しての反論と同一なものとなると理解してしまっている。それゆえ、貿易実践の公平さの原理がコスモポリタニズムの原理となりえないことを、彼がたとえ適切に示していたとしても、そのことは、分配取り分の主体としての個人という想定自体が否定されるべき論拠を示すものとはなっていない。

以上の議論をまとめよう。諸国家の並立という状況ゆえに生じる国際協働に焦点を限定した国際的な分配的正義という問い(弱いテーゼ)と、ジェームズの主張する国際的な相対利得の原理のように諸国家を分配取り分の主体とみなす応答との間の必然的な関係を想定する必要はない。それは、世界中の個人を分配取り分の主体とみなす国際的な分配的正義の強いテーゼと、問題とすべき分配範囲の限定性を結局のところ否定せざるをえないコスモポリタニズムの見解の採用とが、同義の主張とはならないからである。むしろ、グローバルな基本構造とその下で相互に行為する諸国家という位相の差異――グローバルな制度的正義と諸国家間の相互行為的正義との分節化――を踏まえるのならば、グローバルな制度的正義としての国際的な分配的正義においては、世界中の個人の平等を基軸とした平等主義的な分配原理を想定することは十分に可能であるだろう。

それでは、強いテーゼについてやや立場の異なるこの二つの国際的な分配的正義構想の持つ意義とは何だろうか。ジェームズの議論に従えば、貿易実践に参与する諸国の自前の資産状況を勘案した上で、平等な取り分(ならびに貧困国への不平等な富の分配の許容）が求められる。そこではたとえば、国際的な知的所有権レジームにおいては、その使用をめぐった優遇措置が公平な要求として発展途上国に認められる（James 2012: 302）。それは、公平さを競争条件のような機会にではなく、成果としての分配的取り分の平等に定める彼の国際的な相対利得原理の典型的な含意となろう。それに加えて、その分配上の取り分については各国内での平等主義的な正当化が求められる。貿易の果実の大部分を国内の一部の成員のみで享受するような国は、国内的な相対利得原理に照らして、不公平な参与者とみなされる。その場合、そうした不公平な国が他国に対しては公平な取り分を主張することは認められない。「自国にも貧しい人びとを抱えている富裕な国に対して、（貧困国の中での）相対的に裕福な人びとへの不必要な利得の支払いを求めることは、不公平なこととなるだろう」（James 2012: 221）。各国の分配取り分をその国の成員の中でどう分け合うのかという問題は、各国レベルで検討されるべき課題とみなされる。

それに対して、あくまで国際的な分配的正義を世界中の人びとの観点から平等主義的に考慮した場合どうなるだろうか。その場合、人びとの享受すべき財の分配は、各々の属する国家の規模や開発レベルに左右されることなく、世界中の人びととの平等という観点から考慮されるべきものとみなされる（ジェームズの自前資産の調整で考慮される要素が人口規模だけであった場合にのみ、個人の享受すべき財は事実上同一となる）。各国の貿易関係を構成するグローバルな制度はそうした分配的正義に照らして、新たに編成されなければならない。それはたとえば、国際協働に適用されるグローバルな租税枠組みの構築（再分配の具体的な仕組みであると同時に、国際協働の多寡を左右するグローバルなインセンティブ付与の仕組み）、特定の国家間で結ばれる貿易協定のもたらす外部性への個人主義的な観点からの配慮などを、グローバルな制度の変革として促すことになるだろう。[123] そうした、現行の実践とは乖離した要求を含意したとしても、それはコスモポリタニズムの正義構想とはならない。「複数国家からなる一つの世界」という枠組み自体の変革は目指されず、あくまでその内側での制度編成の変革を、本書の国際的な分配的正義構想は要求するのである。

5 結論

本章では、前章で展開した国際的な分配的正義構想のさらなる明確化を目指してきた。ここではまず、国際的な分配的正義の主張を二つ（弱いテーゼと強いテーゼ）に分節化し、それぞれの内容を示してきた。弱いテーゼは、国際協働関係という特殊な範囲が分配的正義の問いとなる、ということを主張するものである。それに対して強いテーゼは、国内的な社会正義論と同様の、個人を分配取り分の主体とみなした平等主義的な原理が妥当な応答となる、と主張するものである。国家主義とコスモポリタニズムという二項対立的な現在のグローバルな正義論の論争状況を踏まえるのならば、弱いテーゼの主張だけでも十分な理論的かつ実践的意義があるとみなせる。それは、グローバルな不平等の全体を考慮するものではないものの、国際協働という一定の範囲の分配的正義を主張することで、従来のグローバルな正義論が案出できなかった問題設定を示している。

二つのテーゼを分節化した後に、本章では、強いテーゼの特徴を確認するためにジェームズの議論を比較材料として取り上げ、検討してきた。グローバルな制度的正義としてあくまで国際的な分配的正義を構想しようとする本書と、現行のグローバル経済から出発してその中で公平さを主張するジェームズとでは、分配取り分の主体をめぐって異同が生じることを示してきた。あわせて、彼の議論が世界中の人びとを直接的に分配取り分とみなすことを否定するものとは必ずしもなっていない、という点も明らかにしてきた。そして最後に、本書とジェームズの国際的な分配的正義構想の含意についても簡単であるが素描した。もちろん、ここで示した強いテーゼの積極的な論証のためには、個人の平等（平等な処遇）という観念と分配的平等との関連性へのさらなる考察が必要であり、それは今後の重要な課題となろう。

いうまでもなく、国際的な分配的正義の実現にあたっては、今ある世界において克服されるべき課題は数多くある。しかしそうした実現の困難さは、ここで示した正義構想に照らして現実の不正な状況を糾弾し、その改善を試みるべき理由の存在を否定するものとは決してならない。正義に適っているとは到底みなせない現実世界にあっても、国際関係で生じる有利／不利の分配は正義の問題とみなせるということ、言い換えるのならば、途上国の絶対的貧困の存在や、各国の力関係の差異から生じる不平等な国家間関係、正義に適った国内社会を構築することができない破綻国家といった、すでに現実に真剣に受け止められている問題に還元されえないグローバルな不正義が存在することを示すことができたのであれば、国際的な分配的正義を強調した意味は十分にあったと考えられる。

結論

これまで蓄積されてきた社会正義論の見地を踏まえた場合、その空間的な拡大としてのグローバルな正義において、どのような正義を構想していくことができるのだろうか。本書はそれへの二者択一的な応答とみなされてきたグローバルな正義構想の二大潮流――国家主義とコスモポリタニズム――の批判的検討から、それらとは異なる、中間的なグローバルな正義構想の導出を試みた。ここで提示された一つの考え方とは、〈「複数国家からなる一つの世界」という理論前提から出発することで、制度に関する正義を各国家とグローバルな制度とで二元的に捉え、特殊な範囲の分配的正義の枠組みを有するものとしてグローバルな正義を理解する〉ものである。

「複数国家からなる一つの世界」という前提は、従来のグローバルな正義構想が非理想理論の場面で直面する難題を克服するために必要とされる、共通の着地点をあらわしている。国家主義にせよコスモポリタニズムにせよ、自らの理想の実現のための移行期の理論においては、「複数国家からなる一つの世界」が意味する制度の二重性を考慮せざるをえない。本書は、この共通の着地点を理想理論における前提という出発点とみなすことで、国家主義の理想とコスモポリタニズムの理想との間の根本的対立を迂回しながら、二つの立場の架橋を試みてきた。

制度に関する正義の二元的な把握とは、各国家という制度の内外に関する作用〈国内的な社会正義と国家間の相互行為的正義〉と、世界全体を覆うものとしての一つのグローバルな制度の正義を別個に考慮することを意味する。これは先の理論前提から導出される主張であるのと同時に、国家主義とコスモポリタニズム双方のこれまでの問題関心を十分に考慮することのできるものである。

特殊な範囲の分配的正義の枠組みとは、グローバルな制度の下での国家間の協働によってはじめて生じる財の分配にのみ範囲を限定した〈国際的な分配的正義〉を意味する。これは、国家主義とコスモポリタニズムの従来の主張の限界を見定めたうえで、「複数国家からなる一つの世界」という状況において成立する分配的正義の構想である。国家主義の限界とは、国家という制度的関係がその成員間に射程を限定する特別な分配的正義の枠組みとなる、という主張を受け入れたとしても、これから構築するわけでもない現に存在するグローバルな制度的関係を分配的正義の考慮対象から外すべき根拠が示されていない、ということを意味する。コスモポリタニズムの限界とは、それとは逆に、グローバルな制度的関係が分配的正義の考慮対象となるという主張を越えて、各国内での分配的正義の追求が否定されるべき根拠が示されていない、ということを意味する。

以上のように、本書はこれまでのグローバルな正義論の理論蓄積に立脚しつつ、そこでの共通の前提や課題、そして既存の議論の限界を見定める作業を行ってきた。そうした内在的な批判という手段のみによっても、新しいグローバルな正義の見解、特に分配的正義の射程に関して全く異なる構想を提示することが可能であるということを、本書は示すことができたと考える。

もちろんこのことは、グローバルな正義にまつわる理論的問題に対して完全に応答することができた、などということと意味するものでは決してない。むしろ本書における探求は、今後より検討していくべき課題、問題領域をより明確に提起することにつながっている。以下で本書の意義と併せる形で、今後の課題のいくつかについて触れていく。

本書の第一の意義は、分配的正義に関するグローバルな正義の論争の文脈の中で新たな射程を描く分配的正義の構想を提出することで、国家主義、コスモポリタニズム、そして国際的な分配的正義構想それぞれの理想理論において、より検討していくべき論点を明晰化したことにある。第一章でも確認したように、「複数国家からなる一つの世界」という状況そのものの根本的な変革を意図せざるをえない国家主義とコスモポリタニズム双方の理想は共に、理想理論としては成立する。そこで各々の理想理論の望ましさを説明していくために、今後は、各々の従来の論争相手に対してのみならず、国際的な分配的正義構想に照らしても望ましいということが示されなければならない。

コスモポリタニズムにおいては、複数国家の並立という状況そのものが正義に適ってはいないことを示す論拠、グローバルな一元的な制度的関係への変革を支持すべきより説得的な論拠が示されなければならない。そこでは、今あるグローバルな制度的関係が分配的正義の引き金となるという主張だけでは不十分である。なぜなら、国際的な分配的正義構想は、まさにそれを自由で平等な個人という観念に立脚しつつ、考慮しているからである。

国家主義においては、複数国家間の協働による恩恵を分配的正義の考慮対象から外すべき論拠がより明確に示されなければならない。そこでは、コスモポリタニズムの立場であるグローバルな分配的正義の道徳的な欠点を示すだけでは不十分である。国内と国家間とで分配的正義の射程を区別する議論を相手にする形で、なおも国内にのみ分配的正義の追求を限定する根拠を示すことが求められる。

そして国際的な分配的正義構想においては、その内容をめぐって、そこでの分配取り分の主体（国単位か個人単位か）や原理（平等主義的な分配的正義であるとするならば、どのような意味で平等であるのか）について、さらに明確化していく作業が必要となる。第六章において、部分的ではあるがこの点についての検討を行った。しかし、国際的な分配といった形で範囲を限定しつつも、個人主義的で平等主義的な分配原理を主張していくためには、個人の平等という観念と分配的平等との観念についてのより詳細な検討が必要である。(124) それと同時に、この分配的正義構想が、基本的人権の尊重といった十分主義的なグローバルな正義の要求や、各国の制度構築に関する援助の義務といった他のグローバルな正義原理とどのように関連づけられるのかについても、さらなる考察がなされなければならない。

いずれにせよ、国境を越えた人びとの間の不平等を分配的正義の考慮対象とみなすべきなのかどうかという、大まかな問題把握からは抜け出さなければならない。国際的な分配的正義構想の提示は、新たなグローバルな正義の問題領域を示すのみならず、そうした構想を受容しない人びとが保持する正当化のための論拠を洗練させることにもつながるだろう。

本書の第二の意義は、グローバルな正義論と密接に関連する政治理論全般における二つの問題領域の重要性を示した点にある。一つは、分配的正義の引き金としての制度的関係の妥当性に関するものである[125]。本書では、しばしば言及してきたように、制度的関係を分配的正義の必要条件とみなさない論者によるグローバルな分配的正義の構想については触れてこなかった。これはグローバルな正義という文脈以上に、関係論的な平等主義と非関係論的な平等主義とのどちらが平等主義の構想として適切であるかという、これまで意識されつつも明示されることのあまりなかった論点に関わっている（Blake and Risse 2008）。本書における検討は、グローバルで平等主義的な分配的正義を主張するためには、非関係論の立場に立ったとしても、制度的関係が必要条件ではないことを示すだけでは不十分なことを指摘するものである[126]。なぜならば、こうしたグローバルな分配的正義は、関係論であれ非関係論であれ、国家内の成員間関係が特別な分配的正義の枠組みとなることを否定しなければ成立しないからである。そうした否定の論拠をいかにして案出することができるのか（できないのか）は、平等論の文脈でさらなる検討がなされるべき課題となるだろう。

もう一つは、理想理論と非理想理論という区分の中での後者の批判的検討の重要性に関係する。本書では、従来のグローバルな正義論の理想理論を直接批判対象とするのではなく、その理想の条件整備に関する移行期の理論に着目することで、既存の対立軸の架橋を試みた。非理想理論の課題を踏まえて理想理論そのものを再構成していく本書のアプローチは、たとえそれに反論がなされるにせよ、グローバルな正義ならびに政治理論全般における非理想理論へのさらなる注意を喚起するものである。もちろん、非理想理論の論点は移行期の問題のみならず、異なる道徳指針の比較といったような他の要素も含むものであるし[127]、グローバルな正義論の中でもさらなる非理想理論（ならびに理想理論との関係性）が検証されなければならない。

本書の最後の意義として強調したい点は、グローバルな正義論の現実世界における実践に関するものである。本書で提示したグローバルな正義構想は、今までの国家主義とコスモポリタニズムとは異なる新たな視座を提供するものである。国家間の相互行為的正義とグローバルな制度的正義の分節化は、国境を越えた正義／不正義がどちらか一方の問題領域（適用対象）に還元されないことを示すものである。グローバルな制度を支える一行為主体としての国家という側面と、相互に関係する国家間関係という側面との分節化によって、どちらか一方の側面だけを考慮して特定の国家の成員が自国（ないし他国）の対外政策の規範的評価を下してしまうことに対して、その道徳的な陥穽を示すことが可能となる。

そして国際的な分配的正義構想もまた、今ある現実におけるグローバルな不平等を前にした、新たな応答方法を示すものとなっている。グローバルに取り組むべき問題とみなされ、その根絶や改善という理想に向けて動き出すべき不平等とは、世界中の人びとの享受する経済的財の不平等の全てを意味するのか。あるいは国際協働への十分な参加を妨げることとなっている各国の発展、開発における機会の不平等を意味するのか。それとも、そうした機会の不平等のみならず、貿易や知的所有権をはじめとした国際的な制度によって規定され国際協働の成果として生じる、経済的な財の分配の不平等を意味するのか。本書の冒頭で言及したように、グローバルな不平等は、近年ようやくその現実の認識で終わることなく、そこからの脱却、理想に向けた取り組みが動き出したばかりである。そうした中で、本書で示したグローバルな正義構想は、それらの格差を正義／不正義の問題として捉えていく上でのこれまでとは別の道筋を示すものとなっている。

もちろん、グローバルな課題、そこでの正義／不正義の問いはこれにつきるものではない。戦争と安全保障、グローバルな気候変動、天然資源の占有や使用と環境問題、移民や領土、領海に関する道徳的問題、植民地主義をはじめとしたグローバルな歴史的不正、越境的なデモクラシーの可能性、市民団体や多国籍企業に代表される越境的で非制度的な行為主体の役割や倫理……と、本書で取り上げることのできなかったものの、現代世界において重要な課題は多数ある。そうした数々の論点を今後検討していく上でも一つの起点となるだろう、分配的正義を含めた制度に関するグローバルな正義の、新たな、そして魅力のある構想を提示することができていたのであれば、本書の狙いは達成されたことになる。

【注】

（1）周知のように、グローバルな正義という言葉は、グローバル・ジャスティス運動という社会運動の文脈でも用いられる。本書の議論は、規範理論における正義論の一つとしての語用に限定している。

（2）もちろん、財の分配に特に焦点を当て、グローバルな正義論の主要な論争を検討対象とする本書の含意は、その他の重要な問題にも及ぶだろうと考えられる。しかしながら、グローバルな正義論研究の進んだ現在において、そのすべてを網羅的かつ詳細に論じることは難しい。本書で中心的に取り上げることのできないいくつかの論点については、以下の文献を参照。「正しい戦争」論については、福原 2012; 松元 2013: 第四章を、領有権については山岡 2015を、移民への国境開放論については岸見 2013を、グローバルないし越境的なデモクラシーについては五野井 2011; 山崎 2012; 内田 2012を、グローバルな正義におけるジェンダー論についてはJaggar 2014をさしあたり参照。

（3）同種の推論を検討したものとしてB. Barry 1989a; Scanlon 1989; Richards 1982を参照。

（4）そこで展開された論証については、上原 2011aにて扱った。

（5）この二つの立場を説明した直近のものとしてBlake 2016; Moellendorf 2016を参照。

（6）『諸人民の法』を批判した代表的なものとしてBeitz 2000; Buchanan 2000; Caney 2002; Pogge 1994; Pogge 2001を参照。反対に擁護したものとしてBlake 2001; Freeman 2006a; Reidy 2004を参照。

（7）この平等主義と十分主義という区分は、グローバルな正義論における対立軸を端的に表す指標としても用いられている。たとえばArmstrong 2012: 34-38を参照。なおそこでは、グローバルな分配的正義の主張における二つの立場として整理されている。

（8）ロールズの諸人民の法に照らしても不正とみなされる、現実世界の状況を踏まえるのならば、この現実世界においてもグローバルな再分配が当の諸人民の法の見地から要求されることになるだろう。こうした要求がなされるという点にだけ着目するならば、そこにコスモポリタニズムの立場との意味ある差異はない。これについては上原 2011bを参照。

（9）国家主義の立場を受け入れながらもグローバルな十分主義的正義を積極的に展開している論者としてMandle 2006を参照。コスモポリタンの側からの同様の議論としてJones 1999; Brock 2009を参照。

（10）本書では、十分主義的な形態をとるグローバルな正義においては国家主義とコスモポリタニズムとの間で根本的な理論的差異は存在しないという立場から、これに関する議論については基本的に言及しない。もっとも第二章と第三章では、十分主義的な正義の実現に関連しているグローバルな正義の義務にも焦点を当てていく。なぜなら、そうした十分主義的な正義の実現自体は、その実現をもってグローバルな正義の内容の全てとみなすという立場に立たずとも、より多くの内容を含むことになる分配的正義を実現していく上での前提条件とみなされるからである。それゆえ、十分主義的な正義を基本的な正義、本書で言う分配的正義を非基本的正義として分類することも可能である（Gilabert 2008: 417-422; Pogge 2008a: 42-45 邦訳七六―八〇頁）。もちろん、ここで十分主義的なグローバルな正義を主題とみなさないということは、そうした正義の諸構想の間に差異が存在しないという主張でも、そこに重要な論点が存在しないという主張でもない。そうした正義の根拠は何にあると考えるべきなのか、どの財をどの程度の享受をもって十分とみなすか、そもそもそれを（その履行を場合によっては強制させられる）正義の義務とみなすのかそれとも（各人の善意に基本的に依拠する）人道的な義務とみなすのか、正義の義務であるとした場合、その義務の優先性や責任の分配をいかに考えるのか。これらの論点は疑うべくもなく、グローバルな正義の中で問われるべき重要な論点である。平等主義的な分配とグローバルな正義との関連性というよりも、上記のグローバルな正義の権利、義務を中心的に論じた代表的なものとして、Shue 1996 [1980]; O'neill 2000; Nussbaum 2006 を参照。

（11）グローバルな正義の文脈における関係論的／非関係論的正義構想という分節化については、Sangiovanni 2007: 5-8; Armstrong 2012: 25-34 を参照。

（12）言うまでもなくこのことは、非関係論的なグローバルな分配的正義を構想していく可能性をあらかじめ否定するものでもないし、グローバルな非分配的正義（つまり十分主義的正義）の要求と制度的関係にもとづく分配的正義という理論前提が両立不可能である、ということを意味するものでもない。非関係論的なグローバルな正義論（必ずしも道徳構想の一部分としての正義に限定されるわけではないが）の代表的な論者として、Singer 2002; Singer 2008 [1972]; Steiner 2002; Caney 2005; Gilabert 2012a を参照。非関係論的な正義構想からすれば、国内的な社会正義の特有性は、グローバルな正義構想の目的に適うかどうかという道具的な有用性から導出されることになる。こうした議論の代表例として Goodin 1988; 瀧川 2013 を参照。なお、非関係論的で平等主義的な分配的正義の構想の一つ（「グローバルな運の平等主義」）については、上原 2017 で論じた。

（13）この分類とそれをめぐる論争を取り扱ったものとして、たとえば Hamlin and Stemplowska 2012; Valentini 2012; 松元 2015 を参照。コスモポリタニズムと事実との関係を論じたものとして岸見 2014 を参照。

（14）事実感応的な原理を統制の原理とみなし、それを正義の原理と峻別しているG・A・コーエンの議論は、「正義とは何か」への分析的探究において非理想理論を無用とみなしているものであると理解できる（G. A. Cohen 2008）。それに対し、理想理論の理想的性格からこの理論を実践的には無用であるとみなし、非理想理論の重要性を強調する論者として、Farrelly 2007; Mills 2005; Wiens 2015を参照。

（15）リッセとヴァレンティーニの議論をより詳細に検討したものとして井上彰 2017を参照。

（16）もっとも、分配的正義という狭義の問題枠組みを超えて、政治思想としてのコスモポリタニズムに着目した研究がなされていた点にも言及すべきだろう。こうした研究の一例として、千葉 2014; 古賀 2014を参照。

（17）特に、ロールズの「諸人民の法」の保守性が、今ある世界の裕福な先進諸国は貧困に苦しむ途上国に多額の支援をする必要はないという道徳的態度を肯定してしまうことになる、といった批判も投げかけられている（Goodhart 2012: 16; 井上達夫 2012: 一九一―一九三頁）。

（18）「どのようなグローバルな分配的正義の原理を支持するにせよ、私たちの住む世界においてコスモポリタニズムの取るべき形をどのように考えるにせよ、コスモポリタニズムの論者は、自分たちのプロジェクトが実現可能なのかどうかという問題と、コスモポリタニズムの未来像を実現させていくという望みがナイーブなものや誤ったものとならないだろうか、という問題に取り組まなければならない。」（Brock and Brighouse 2005: 8）

（19）政治理論において実現されるべき諸価値の間の優先づけに実現可能性の問題が関連してくるという議論として、松元 2012を参照。

（20）コスモポリタニズムに対する批判を実現可能性や実践性に関するものとして理解した上で、それに反駁する議論を展開したものとしてたとえば C. Barry and Gilabert 2008を参照。

（21）非理想理論としてのリベラル・ナショナリズムの有用性を擁護する議論として Lægaard 2006も参照。

（22）正義の情況に関連するその他の記述として、H・L・A・ハートの「自然法の最小限の内容」も参照（Hart 1994［1961］: 193-200 邦訳二一一―二一八頁）。

（23）ロールズは特に後年において、各人の要求の対立というこの主観的条件を、各人の善の構想の理に適った多元性として表現し、正義の政治的構想の必要性に関する条件に位置づけている（Rawls 2001: 84 邦訳一四九頁）。ここではこの論点には立ち入らず、あくまで分配的正義の条件としての正義の情況に焦点を当てる。

（24）機会の平等自体は、それをグローバルに考えるかどうかにかかわらず、そうした平等が達成された後に残る、制度的関係を媒介とする社会協働によってもたらされた財の分配問題に言及していないという点で、それだけでは本書で定義した意味での分配的正義とみなすことはできない。メーレンドルフ自身、それがグローバルな平等主義の一部分であることを了解した上で、グローバルな機会の平等だけでも現実世界に大きな変化を促すことになることを示す狙いで、こうした記述を行っている（Moellendorf 2002: 49; Moellendorf 2009a: 70）。とはいえ、そうした正義の内容の違いにかかわらず、一つの規範的枠組みに世界中の人びとを収めるという、分配的正義をめぐるコスモポリタニズムの理想の特徴をここに見出すことは可能である。

（25）メーレンドルフ自身は後年、スイスの銀行の頭取という、特定の立場に到達するための機会を平等にすることは理想としても望ましくない、と説明に修正を加えたものの、グローバルな経済的関係性の中でのグローバルな機会の平等を依然として擁護している（Moellendorf 2009a: 74-75）。

（26）R・ミラーは、現実世界における国際的相互作用を根拠として、国内的な社会正義の追求以上に他国の困窮者への援助を優先すべき責任があるという主張を展開しているものの、平等主義が同一国家の成員間に特別に妥当するという立場を保持している点で、国家主義の立場の論者であるとみなせる（R. Miller 2010: 3-6）。ここで注意しなければならないのは、（複数）正義の原理の順位付けという論点と、正義原理の内容に関する論点とは区別されるということである。ミラーの平等主義については R. Miller 1998 も参照。

（27）確かにロールズは、自らの諸人民の法は、コスモポリタニズムと違って個人の福利に究極的な関心を寄せるものではないとし、リベラルならびに（リベラルな個人主義を否定する）良識ある諸社会の正義と正しい理由による安定性こそが諸人民の法にとっては重要となる、と述べている（Rawls 1999b: 119-120 邦訳一七五―一七六頁）。しかしここで注意しなければならないのは、ロールズが理想的に描いている諸人民（peoples）とは、その社会において当該国の成員全てが何らかの形で実効的な社会協働に参与している社会であるということだ（Rawls 1999b: 71-72 邦訳一〇四頁）。リベラルならびに良識ある諸社会の正義とはまさに、各国国内における成員間での社会協働を対象とする、分配的正義が実現されていることを意味している（もちろんリベラルでない社会においてそれは、平等主義的な分配的正義を必ずしも意味しない）。

（28）「世界政府が存在しないところでは、何らかの境界線がな﹅け﹅れ﹅ば﹅な﹅ら﹅な﹅い﹅」〔強調点原文〕（Rawls 1999b: 39 邦訳五二頁）。

（29）「グローバルな正義は、相当程度の政治的自律を正統に要求することのできる、文化的に別個の国民国家からなる世界のための正義として理解されなければならない。このように控えめに理解したとしても、世界政府の不在によってこのグローバルな正義への到達はより困難なものとなるだろう」（D. Miller 2007: 278 邦訳三三六頁）。

（30）たとえばD・ミラーも、分配的正義の前提たる基本的人権の欠損を救済するという彼自身のグローバルな正義構想において、それを実現するための「乗り物（a vehicle）」としてナショナルな責任が有用であると主張し（D. Miller 2007: 269 邦訳三二六頁）、別の箇所では、国内において豊かな人びとから貧しい人びとへの再分配の実効的な義務を生み出すために、ナショナルなアイデンティティが国家の成員間で共有されることを重要視している（D. Miller 1995: 71-73 邦訳一二五―一二七頁）。分配的正義に対するこの利点に言及する形で、ミラーと同様にリベラル・ナショナリズムの立場を擁護しているY・タミールの議論（Tamir 1993）を批判したものとして、白川 2012: 第七章を参照。もっとも、国民国家が、正義構想を実現するための「乗り物」として現代世界においても有用となるかどうかは、それ自体疑わしい想定とみなされるかもしれない（Pendlebury 2007）。

（31）もちろん、構築される制度的関係に先だって、ひいては正義の情況にすら先行して、人びとの所持することになる財の平等を正義に適ったものとみなす、非関係論的で平等主義的な分配的正義に対しては、ここでの議論は当てはまらない。序章でも触れたように、こうした立場は、必然的にグローバルな分配的正義（根源的には宇宙的な分配的正義とでも呼ぶべきもの）を取る。

（32）分配的正義の義務を担いうる適切な行為主体の不在を論拠として、コスモポリタニズムを否定する議論として、Meckled-Garcia 2008; Meckled-Garcia 2011 を参照。

（33）L・ヴァレンティーニは、各人の平等な尊重というリベラリズムの原理に照らした場合にコスモポリタニズムと国家主義の理想の双方とも、一応は（*prima facie*）成立するとした上で、より現実的な人間心理（完全に不偏的な配慮が不可能であること）に依拠しているという点から国家主義の理想に軍配を上げている（Valetini 2011a: 78-81）。しかし、コスモポリタニズムの分配的正義もまた、人びとの限定的な利他主義といった正義の情況を踏まえたものである以上、人びとが完全に不偏的な配慮ができるよう変革を促す正義構想ではない。あくまで彼女の議論は、今ある世界の現状において、国家主義の理想の方が実践的側面から好ましい、といったことを言っているに過ぎない。ヴァレンティーニがこのような主張を展開する背景には、彼女が、良い理想理論の中に現実世界における適切な行為指針の提供という役割を担わせていることがあるように思える（悪い理想理論においては行為主体の理想化が原理の適用の次元においても前提とされており、それゆえ適切な行為指針を示すことができなくなってしまうと考えられている）（Valentini 2009）。ヴァレンティーニと同様に、コスモポリタンな分配的平等の主張を実現可能性への考慮から批判するものとして、Wiens 2017 を参照。しかしながら、現実世界における人びとに対しての道徳的行為指針の提供を理想理論の役割とみなす必要は必ずしもなく、理想的に行為しない現実世界における人びとを考慮する必要性から、理想理論と非理想理論との分業が求められている、と考えることも可能であろう（Lawford-Smith 2010; Jubb 2012）。

（34）「ユートピア的」という言葉をここでは、たとえ望ましいとしても到達可能な形で構築されていない正義構想を意味するものとして用いる。こうした用語法については、Jubb 2012: 231 を参照。

（35）注33を参照。しかしそこでも言及したように、非理想理論において提示される道徳的な行為指針の履行の困難さをもって、その前提となる理想理論そのものが成立しない、と考える必要はない。また、現時点での環境や人びとの現実の心情が障壁となって実現不可能（困難）だとみなされたとしても、そうした環境や動機づけを変化させることのできる新たな制度構築によって、こうした障壁を乗り越える道筋を提示していくことも可能ではある（Gilabert and Lawford-Smith 2012: 815–816）。

（36）道徳的な到達可能性については Buchanan 2004: 61-62 を参照。

（37）たとえば、恣意的に権力を手に入れた独裁者の自身の利害関心に従った政策によって、あるいは単なる偶然の産物として、不都合な条件が結果として解消される可能性は十分に考えられよう。これに関連して、P・ジラベルトとH・ローフォード＝スミスは、道徳的コストを、人びとが実際に共有している善悪観といったありのままの社会学的事実を意味する「信じられている道徳的コスト（believed moral costs）」と、道徳哲学者や政治哲学者が検討している「実際の道徳的コスト（actual moral costs）」とに区別し、実現可能性の評価に前者は関わるが後者は無関係であると述べている（Gilabert and Lawford-Smith 2012: 817）。というのも、現実に人びとが抱いている道徳的な心情や性向が、理想とされる目的を実現する上での障壁となる場合が大いにあるのに対して、哲学者がたとえ不道徳だとみなした手段であっても現実には採用され、当の目的が実現されることは十分に考えられるからだ。もちろんこのことは、実際の道徳的コストが移行期の理論において考慮されなくても良いということを意味するものではない（Gilabert and Lawford-Smith 2012: 822）。

（38）ただし、ネーゲル自身も認めているように、この移行における不正義は国家主義の正義構想（ならびにそれに立脚した道徳的な国際関係の構築）においても重要な課題としてのしかかることになる。彼は「歴史の狡知」を持ち出す形で、不正義を通じたグローバルな正義の発展が起こりうると述べている（Nagel 2005: 146–147）。

(39) ネーゲル自身の懸念は実のところ、コスモポリタニズムの理想に沿った正義であれ、国家主義の理想に沿った正義であれ、その正義に向けての制度構築を自制すべき根拠を与えるものとはなっていない。というのも、そうした制度構築に向かおうとしないことそれ自体もまた、現状の有力な諸国の意向に不当に偏っているという、まったく同じ意味における不正義であるかもしれないからだ。この点については、井上達夫 2012: 一〇八—一〇九頁の議論も参照。しかしながら、どのようなグローバルな正義構想であれ避けて通るべきではない道徳的な問い——正義の実現そのものに伴うかもしれない不正義——がここに存在しているということを明示しているという点で、意義があると考えられる。

(40) あるいは、押村が指摘するように、現実の先進諸国の対外政策にすでに採用されている態度と重なるものとみなせるかもしれない（押村 2008: 一七三—一七四頁）。

(41) 前節で引用したR・ミラーの記述、「グローバルな相互依存が増大したとしても、人びとの成功に最も影響を及ぼす決定は、その人の同国人（あるいは地域連邦の同じ成員）と共になす決定となるだろう」を参照。こうした世界は、グローバルな相互依存の重要性以上に国内的な成員間関係での取り決めの重要性を増大させるといった形以外に、グローバルな相互依存の重要性を低めることで国内的な成員間関係での取り決めの重要性を高めることによっても、理論的には実現可能である。

(42) D・ミラーによる、グローバルな正義の追求と国内的な社会正義の追求との対立を認める立場（D. Miller 2007: 273-277 邦訳三三〇—三三三頁）を批判した、井上達夫の議論を参照（井上達夫 2012: 二〇三—二〇九頁）。

(43) 国家主義の論者は特に近年、リベラルな個人という観念と平等主義的な分配的正義の各国家での追求とが矛盾するものではない点を強調している（Sangiovanni 2013; Blake 2016）。

(44) 実現可能性への配慮は、好ましい移行期の理論にとっても欠かすことのできない要素であると考えられる（Fuller 2012）。

(45) もちろん、ODAのみへの着目は、現状の世界の援助実態の把握という側面からして不適切であろう。また、絶対的貧困根絶に向けた唯一にして最善の手段とみなすことも不適切であろう。中国をはじめとしたDAC非加盟国の存在、企業による民間投資や個人による寄付、金額には還元できないような国際NPOの活動なども、本来ならば考慮すべきである。しかしそれでも、先進諸国の市民の名の下に提供されるフォーマルな援助であるODAは、そうした市民の世界に対する道徳的義務という問題を考察していく上での、格好の材料であることは確かであろう。

(46) もっとも、同記事でも言及されているように、このODAには難民受け入れ関連の費用も計上されており、それゆえ、先進諸国から最貧国への典型的な「援助」における差異を反映したものとみなすべきではない。

(47) コスモポリタンの議論においては、グローバルな分配的正義の枠組みが、何よりもまず欠かせない出発点となる。その後に、各々の国内的な正義の追求を認めるといった議論や（Tan 2004: 191-193）、国内的な正義の義務と対外的な正義の義務の優先性を考慮すべきだといった議論（Moellendorf 2002: 39-43）が展開されている。

(48) だからこそ、理想的な状態に関する理想理論とは区別される、非理想理論の問題として、重荷に苦しむ社会と無法国家へのアプローチはそれぞれ論じられている。

(49) ロールズによれば、そもそも経済的資源や富の多寡や不平等、さらには人権の尊重などにとっても、当該社会の政治文化が最重要なものとなっている。この点で彼は、こうした諸問題を国内的要因にのみ焦点を当てて考察し、国外的な要因を無視しているとして批判されている（Pogge 2006: 217-221）。しかし注意しなければならないのは、ここでのロールズの強調点は、その社会の政治文化の成熟なくして重荷に苦しむ社会が人民として変わりゆくことはないこと、他の社会はそのための手助けしかできないという点だということである。この主張から、その手助けや条件づくりがその社会の国内的な条件整備しか想定していないという結論には必ずしもならない。その社会の政治文化に悪影響を与えるような外的条件それ自体を取り除くことは、援助をする側にとっても十分可能なことであり、要求されうることであろう。

(50) ロールズの諸人民の法ならびに援助の義務への多くの批判は、こうしたグローバルな分配的正義の観点からなされたものだった。そこでは、諸個人の経済的不平等を（直接的に）考慮することのない援助の義務の内容が批判の対象とされていた（Beitz 2000; Pogge 2001）。そうした批判を受けたロールズの立場を擁護する側も、諸個人間のグローバルな不平等それ自体を考慮するコスモポリタンな理論に対して、現実世界の貧困問題解決に関する援助の義務のアプローチの有用性が主張されている（Risse 2005）。

(51) ここで取り上げる貯蓄原理が主に論じられている第四四節は、改訂版（Rawls 1999a）で多くの変更がなされた箇所の一つであるが、ここでは改訂版を用いる。

(52) ロールズの『正義論』における世代間正義と国際的正義を扱ったものはいくつかあるものの（たとえばB. Barry 1989b: 179-212）、『諸人民の法』以降の議論や、援助の義務と貯蓄原理に焦点をあてたものはあまりない。その一つであり、本章とは逆にロールズの世代間正義を論じる中で援助の義務を扱ったものとして後藤 2006を参照。

(53) ロールズは貯蓄原理の導入にあたって、どの世代もこの原理を遵守していることを前提とした理想理論における問題としてこれを扱っている（Rawls 2005: 274n12）。しかし、その目的が正義に適った社会の基本構造の維持のみならず構築も含むものである以上、貯蓄原理が扱う問題領域は、遵守がなされていないような非理想理論をも含むはずである（Paden 1997: 40-41）。

（54）ロールズは国境の役割に言及する個所で、諸人民（およびその代表としての政府）は自らの領土内で、自らを恒久的に（in perpetuity）養っていく責任があることを強調している（Rawls 1999b: 38-39 邦訳五一―五二頁）。

（55）こうした合理的利害から国際的な援助の必要性を訴える議論は、そこでの利害と援助の一致が偶然的なものとしかなりえない点で、正義の観点からすれば不十分なものであろう。たとえば伊藤は、正当な所有という観点から、援助と自国の利益を結びつけている日本のＯＤＡ政策を批判している（伊藤 2010: 一六一―一七八頁）。

（56）本章での強調点とはやや異なるが、絶対的貧困が存在する世界の現状を、それをもたらしているグローバルな制度的秩序を媒介とした豊かな先進諸国とその市民の消極的義務違反として問題化する近年のポッゲの議論は、その代表的な例であると考えられる（Pogge 2008a）。このポッゲの議論については次章で扱う。もっとも、ポッゲからの批判にもかかわらず、ロールズの『諸人民の法』においてもこうした世界の現状に対する先進諸国（諸人民）の責任が重視されると見ることも可能である（上原 2011b）。しかし、援助の義務それ自体の論理によってこうした現状解決への優先的なコミットメントを引き出すことができないのは、本章で論じたとおりである。

（57）もちろんこのことは、援助の義務という特定の問題に限定されることではない。ロールズに典型的な、「閉じられた国内社会」から出発して国際的な道義性を把握していこうとしていく正義構想の理論的難点について、上原・河野 2013 を参照。

（58）その是非の判断はここでは控えるが、十全なる規範評価のためには、日本のＯＤＡと欧米諸国との質的差異についても本来は考慮する必要があるだろう。日本のＯＤＡをはじめとした国際援助の取り組みの研究として、栗田・野村・鷲尾（編）2014: 竹原 2014: 本多 2017 を参照。

（59）なお、本章初出時に確認した同調査（二〇一〇年度）ならびにこの間の割合を見ると、開発協力を減らす（なくす）べきと考える人の割合がやや減ってきている。しかし、約三割のさらなる推進派と約五割の現状維持派という構図が大きく変わっているとはいえない。

（60）ここ数年の「外交に関する世論調査」では設問されていないものの、その設問があった直近の二〇一一年度の同調査では、開発協力を減らす（なくす）べきと答えた人の七割以上が、日本経済の低調を理由としてあげている。

（61）もっともロールズは、第二章でも確認したように、諸人民の法の一原理である「援助の義務」の遵守の難しさは認識している（Rawls 1999b: 125-126 邦訳一八四頁）。

(62) ポッゲは前者を「国際的な資源特権」、後者を「国際的な借入特権」として、グローバルな経済的秩序が世界中の絶対的貧困の一因となっている一例としてあげている（Pogge 2008a: 118-122 邦訳一八一―一八五頁）。

(63) ポッゲは、現行のグローバルな制度的秩序によって規定される天然資源からの利益の分配ルールや製薬に関する知的財産権といったルールを批判し、具体的な改革案を提示することによって、現状の不正義から最低限正義に適ったグローバルな制度的秩序に向けての指針を示している（Pogge 2008a: chap. 8, chap. 9）。本論でも論じるように、こうしたグローバルな制度的秩序そのものの改革の指針と同時に、その下での一行為主体としての国家にとっての指針も示される必要があるだろう。

(64) ここでは途上国の支配者層の非遵守の問題は脇においてある。というのも、こうした支配者層の遵守を想定した上で先進諸国の負担を考えるのならば、そもそも先進諸国が負担すべきものは何もなくなってしまうからだ。しかし、ロールズが非理想的な社会として、自らの諸人民の法を遵守しようとしない「無法国家」と遵守できない「重荷に苦しむ社会」とに区分したように（Rawls 1999b: 5 邦訳六頁）、ここでも、途上国を遵守が不可能ないし困難な社会として議論を進めることは可能であろう。

(65) ここに、制度的不正義が存在するという非理想下において、その不正な制度そのものを改善する以外に、その制度内の個別の行為主体による被害者への補償という応答を示しているポッゲの議論の問題点を見出せる（Murphy 1999: 283n76）。ポッゲは、個別の行為主体が独力では制度的不正義を除去できないことを理由に、こうした補償という手段を認めている（Pogge 2000: 168）。しかしながら、個別の積極的責務の遵守と制度そのものの不正義（消極的義務違反）の除去とが異なるものになりうるという点は見過ごされてはならない。

(66) 道徳的構想を制度的と相互行為的という用語で分節化していく見解は、T・ポッゲの議論に依拠している。彼は、前者を社会世界の構築のされ方による影響についての構想として、後者を個人ならびに集団によってなされる行為についての構想として分類している（Pogge 1995: 241）。

(67) 序章でも述べたように、ここでは非関係論的なグローバルな正義構想についての可能性や妥当性については論じない。グローバルな正義の非関係論的な構想と関係論的な構想とを共に論じ、多元的に描写したものとして Risse 2012 を参照。

(68) 国家主義の立場においてグローバルな正義が何らかの関係性を所与としないという点は、たとえばD・ミラーの（因果的関係性を伴わなくても生じうる）救済責任と正義の義務についての議論（D. Miller 2007: 254-256 邦訳三〇四―三〇六頁）や、絶対的貧困に関するM・ブレークの主張（Blake 2001）、そして第三章で確認したように、ロールズの「援助の義務」が正義の自然的義務（つまり前制度的に認められた制度に対しての義務）の一解釈として提示されている点などから見出すことができる。

（69）この点は、国家主義の代表的論者であるロールズの議論を第4節で検討していく中で、より明確になるだろう。

（70）いわゆる世界国家を積極的に擁護しているコスモポリタンの論者はほとんどいない。例外的な主張として、Cabrera 2004 を参照。

（71）コスモポリタニズムという観念の意味を、世界中の個人を対象としたグローバルな規範（道徳的なコスモポリタニズム）と、世界中の個人を実際に包含するグローバルな具体的制度（法的なコスモポリタニズム）とに分節化し、自らが擁護するのはあくまで前者の意味での道徳的なコスモポリタニズムである、というような説明は、まさにこうした状況を踏まえてなされている（Beitz 2005: 18; Pogge 2008a: 174-175 邦訳二六六—二六七頁）。

（72）第二章で扱ったL・イピのグローバルな正義論はまさにその一例とみなせる。

（73）普遍的な道徳的義務の実行という観点から複数国家を正当化する議論として Goodin 1988; Ypi 2008 を参照。また、グローバルな正義の枠内で各国家の個別的な自己決定を尊重しようとする議論として Tan 2004 を参照。

（74）制度と個人との分業は、正義の原理をはじめとする不偏的な道徳原理はもっぱら制度において適用され、その枠組みの中で各人は利己的に行為することが許容される、といった形での分業を擁護するものではない。Nagel 1991: 53-62 の議論を参照。

（75）ただしロールズは、各人の相互行為的な原理の全てが、社会正義の構想とは区別されるべきだと主張しているわけではない。正義に適った社会の基本構造を支持ないし形成するという個人の義務は、いわゆる正義の義務として論じられている（Rawls 1999a: 98-99 邦訳一五五—一五六頁）。もっともそれ以外の個人の原理については、「許容」の問題であるとして多くを論じてはいない（Rawls 1999a: 100 邦訳一五七頁）。正義の義務にせよそれ以外の許容の原理にせよ、その要求内容が判明するのは「正義に適った社会とは何か」という問いに答えられた後の段階である。だからこそ、彼からすれば、社会正義の構想こそが第一に考察されるべきものとなる（Rawls 1999a: 93, 95 邦訳一四六、一四八頁）。

（76）実際に、分配的正義の主題としての基本構造を肯定的に評価する論者の何人かは、こうした基本構造をグローバルなレベルで考えている。たとえば Pogge 1989 や Julius 2003 を参照。またS・シェフラーも、ロールズの基本構造論と（反ロールズ的とみなされる）コスモポリタニズムとの親和性を示唆している（Scheffler 2010: 170-172）。

（77）この二つの違いを踏まえた上で、基本構造論の「範囲」における限定を拒否しつつ、「適用対象」における限定を肯定する議論として Abizadeh 2007 を参照。また、この二つを意図的に分節化したグローバルな正義論の一つとして Tan 2012 を参照。

（78）以下の記述は、シェフラーによる議論（Scheffler 2010: 131-134）を参考にしている。

（79）こうした基本構造内の個人ならびに集団に対する規定的な性格から、基本構造としての制度の影響力はその下の別の制度、集団が人びとに及ぼす影響力と区別されるべきものとみなされる（Freeman 2013: 94-96）。

（80）『正義論』においては、背景となる制度の設計が分配的正義の達成において重要となるという点は考慮されているものの（Rawls 1999a: 242-243 邦訳三六九頁）、社会の基本構造を正義の主題とすることの論拠として挙げられているわけではない。背景的正義の重要性という論拠は、『正義論』以降により前面に押し出されてきたものであるといえる。本書では、『政治的リベラリズム』の第七講義として再構成された「主題としての基本構造」（Rawls 2005: 257-288）に基づいてこの論拠を見ていく。

（81）ロールズによれば、リバタリアニズムにもとづく社会は、度を越えた社会的経済的不平等を許容してしまうがゆえに、正しい理由によって安定した社会とはなりえず、よって秩序だった社会とみなすことはできないとされる（Rawls 1999b: 49-50 邦訳六八―六九頁）。

（82）基本構造論やそれが含意する分業論についての批判として G. A. Cohen 2008; Murphy 1999; Porter 2009 を参照。基本構造論を擁護したものとして、Williams 1989; Pogge 2000; Julius 2003; Baynes 2006; Pogge 2008b; Scheffler 2010; Thomas 2011; Tan 2012; Freeman 2013 を参照。

（83）グローバルな基本構造といった制度的関係の存在に訴えかけていることでグローバルな平等主義的分配的正義の要求を導出しているその他の論者として、Tan 2004: 25-28; Moellendorf 2009b: 48-51 を参照。また、グローバルな基本構造という観念は、まさにそうした構造をグローバルなレベルで想定することのなかったロールズを批判する形でも用いられてきた（Buchanan 2000: 704-707）。

（84）同様の区別を用いてグローバルな基本構造に言及している議論として Reidy 2007: 232 も参照。

（85）諸人民の法が、自国の国益の増大をもっぱら追求していく現実の諸国家に対してではなく、理想的な「諸人民」――彼らは道義的な行為主体とみなされており、単純な自国の利得の拡大といったものに根本的な利害関心を抱いていないものと想定されている――に対して適用される正義の原理であることと、後述のようにグローバルな背景的正義に対しての配慮も示している点を踏まえるならば、諸人民の法の中で、交渉力の多寡を反映したグローバルな不平等がどのようなものであれ正当なものとして認められることになるとは考え難い。

（86）国内とグローバルとで、要求される正義の内容（平等主義的な分配的正義の要求を含んでいるかどうか）が異なるだけに留まらず、正義の適用対象（全体としての制度を対象とするかその制度下の行為主体を対象とするか）が異なるという点からも、ロールズの議論は第2節で確認したような国家主義の典型的な立場であるとみなすことができる。

（87）たとえばI・ヤングは、ロールズの基本構造論を批判的に引き継ぐ形で、特定の行為主体にその責任を負わせることの不適当な不正義の形態を構造的不正義と呼び、これへの責任を通じたグローバルな正義論を展開している。彼女は、責任を果たしていく上で各行為主体の相互行為的な取り組みが必要な点に注意を喚起しつつも、そうした相互行為にのみ着目するだけでは可視化されえない、制度的な側面の重要性を強調している（Young 2011）。なお、ヤングのこの議論については、上原 2016にて論じた。

（88）ロールズのこうした実践的な問題意識に着目して彼の立場を擁護する議論としてWellman 2012を参照。

（89）ポッゲの「説明上のナショナリズム」への批判の要点は、一見国内的な問題に見える人権侵害のような不正義、巨悪とみなせる事柄がグローバルな基本構造の性格を反映して引き起こされているという側面を、ロールズをはじめとした多くの政治理論家、そして各国間の比較に注意を向ける社会科学者たちが無視してしまっていた、という点にある。

（90）第2節で論じたように、従来のグローバルな正義論においてこの二つが異なりうるという点に注意が向けられていなかった。

（91）実際にロールズは、リベラルな立憲民主制が他の社会形態より優れていると信じている、と述べている（Rawls 1999b: 62 邦訳八八頁）。

（92）これに加えて、複数国家からなる一つの世界という今ある状況そのものに対して根本的な批判的視点を提供していないという点について、現状肯定的な性格を帯びざるをえないという指摘もできよう。この点についてはJames 2005を参照。

（93）いずれかの関係性にもとづかない一元主義的な道徳理論においてでさえ、道具的有用性からの分業は正当化される（Murphy 1999）。

（94）国内社会の一組織である大学や教会と、一つの社会としての非リベラルな良識ある社会とを同列に論じることの難点については、渡辺 2000: 四三六─四四二頁；Tan 2006: 88 で論じられている。

（95）ロールズの寛容論には介入、干渉といった各国の強制力行使の是非に留まらず、非リベラルな社会に正統性を付与するという側面も含まれている点を考慮した上で、それらの混同を問題視する論者もいる（Tan 2006: 81; 井上達夫 2012: 一四八―一四九頁）。こうした混同は、ロールズのグローバルな正義論が相互行為的な正義構想をもってグローバルな正義全体とみなしているという、本章で強調した点とも関連している。つまり、各国の正統性はグローバルな制度的正義の視点から問われるべきものであるはずなのに、ロールズは自国の対外政策という観点からしかこうした正統性を考慮していない、という難点であったと整理できる。しかし注意しなければならないのは、制裁の対象とみなすべきではない社会の全てが正統な諸人民とみなされるべきだという見解を、ロールズは保持してはいないという点だ。これは、国内的に基本的人権を尊重していないものの対外的には攻撃的ではない「無法国家」に対して、軍事的な強制力を行使すべきではないが、かといってこうした社会と協働関係を結ぶべきではない、と彼が述べている点（Rawls 1999b: 93n6 邦訳一九三―一九四頁）、および、国内の成員が基本的人権を享受しているものの社会協働の枠組みには十分に参与できていない社会を、「善意の専制政治」として整理し、諸人民と区別している点から明らかである（Rawls 1999b: 63 邦訳九一頁）。つまり、諸人民の法における正統性の承認にとって重要となるのは、当該社会が制裁の対象とみなされないだけの必要条件を満たしているかどうかというよりも、当該社会の成員が社会協働の枠組みに十分に参与しているのかどうかという点である。もっとも、そうした細かな違いにかかわらず、諸人民の法において各国社会の正統性は、一つの社会制度としての自国の社会が、対外的に関わり合うことになる他国の社会に対して、強制力を行使すべきなのかどうか、協働的関係を築いていくのかどうかといった、相互行為的な見解から導出されていると見るべきである。

(96) 市民の基本的諸自由の平等や公正な機会均等を尊重した上での格差原理という、ロールズの国内的な社会正義の二原理も、社会の基本構造によるインセンティブの付与という形で、各人の諸自由を尊重しつつ格差原理を充足することが求められている（Rawls 2001: 158 邦訳二七八頁）。

(97) もっともここでの議論は、グローバルな制度的正義の理想理論に関するものである点に注意されたい。現実世界において、こうしたインセンティブが先進諸国の経済的な利害関心に沿うような形で付与されてしまうこと、非リベラルな社会の多くにはそうしたインセンティブを拒否できるほどの十分な余地が実際には無いことを否定するものではない。各社会の集団的自己決定を尊重した上でのインセンティブの付与という理想は、それとは乖離した現実世界の現状を批判する基準としても働くものである。

(98) 曖昧だというのは、そこで生じる対立の原因や、本当に対立が深刻なものとなるのかどうかが判然としないという意味である。こうした対立の原因は、リベラル化が有利となるグローバルな基本構造の下では、非リベラルな諸人民の平等性が認められていない、という点にあるのだろうか。あるいは、すでにリベラルな諸人民がこうした有利な機会を利用できないために相対的に不利な立場になってしまう、という点にあるのだろうか。いずれにせよ、そうした有利不利の差が深刻な対立を招くような大きなものとなるとは必ずしも断言できない。というのもロールズは、各社会の規模の大小から生じる国際機関への貢献度の差異といったものも、諸人民の平等のベースラインが確保されるのならば、十分に受け入れると考えているからだ（Rawls 1999b: 43 邦訳五八―五九頁）。そうであるのならば、リベラルであれ非リベラルであれ、各人民の集団的自己決定を平等に尊重した上でのリベラル化への制度的なインセンティブもまた、そこで有利、不利といった差異がたとえ生じてしまったとしても、十分に受け入れられると考えることはできるのではないだろうか。

（99）序章でも確認したように、本書においては「分配的正義」を、問題となっている財全ての分配状況そのものの正しさを第一に問うものとして議論を進める。この点で、何らかの最低条件（たとえば世界中の人びとの基本的ニーズの充足）を満たすための一定の財のみを要求するような十分主義的な正義構想を、基本的な正義に関わるものとして区別する。この基本的な正義においては、最低条件を満たした後にも残る分配状況の正しさについては何も言及されることはない。この意味で、分配状況そのものの正しさを問題とする分配的正義と一定の条件が満たされているかどうかを問題とする基本的な正義とでは、主題が明確に異なっているといえる。同様の区別を平等主義的分配原理と非平等主義的分配原理として把握するものとして Tan 2011: 396-397 を参照。誤解を避けるためにあらためて付言するならば、もちろん、こうした基本的な正義の観点からも今ある現状の分配の正／不正は問われる（たとえば多くの人の基本的ニーズが満たされていない一方で豊かな暮らしを営む人も多数いるという現状の分配状況は、基本的な正義に照らしても不正な分配状況でありその改善が要求される、といったように）。しかしそこでも、全ての財の永続的な分配状況に注意が払われているわけではない。

（100）ロールズは社会正義の主題をこうした社会の基本構造を通した社会協働の財の分配に関わるものだと想定している。「私たちにとって正義の主要な主題とは社会の基本構造、より正確に言えば、主要な社会的制度による根本的な権利義務の分配や、社会協働から生じる利益の分割に関わる方式、である」（Rawls 1999a: 6 邦訳一〇―一一頁）。

（101）同様に、社会協働で結ばれる成員間の相互性（reciprocity）の有無による分配的正義の有無を主張するものとして Sangiovanni 2007 を参照。

（102）たとえば先のネーゲルの議論に対する批判 J. Cohen and Sabel 2006: 152-155 を参照。

(103) もちろん、本書においてもたびたび付記してきたように、こうした関係性を正義の要求の前提として考慮しないコスモポリタンの立場も存在する。この非関係論的な立場を如実に示しているものとして、Caney 2008: 491 を参照。

(104) 国際的な社会協働として国際的な相互依存関係を考慮したとしても、異なる国々の人びとの間の相互性といったものをそこでは想定できないかもしれない。しかし、そもそも分配的正義の範囲確定の前提条件に、相互性といった一つの道徳的理想がすでに受容されているという条件を加えることには問題があるように思える。この点を論じたものとして Abizadeh 2007: 330-334 を参照。相互性はあくまで、分配的正義の要求という問いに対して、平等主義的な分配という特定の応答を提示する際の根拠の一つを提供するものとして理解すべきであろう。

(105) ロールズはもう一つの仮想例として、人口政策の違いによって富の水準が変化した二つの社会もあげている。そこでも同様に、グローバルな分配的正義の原理が拒否されている（Rawls 1999b: 117-118 邦訳一七二頁）。

(106) こうした観点から、グローバルな平等主義的分配的正義とネーションの自己決定の尊重を調和させる試みとして Tan 2004。またミラーが提示した二つの問題も、グローバルな平等主義という理想それ自体への反駁というよりも、あくまで実践的な困難さに関わるものに留まっているように思える（Wenar 2008: 403）。

(107) もっともこれは、グローバルな分配的正義の下では国際的な制度と各国の制度との分業そのものが意味をなさないという主張ではない。たとえばグローバルな格差原理実現のために、国際的な制度を世界的に見て最も貧しい人びとの立場を最大化させるように構築し、各国内の制度を最も貧しい自国の成員の立場を最大化させるよう構築するような要求は、一つの可能性としては存在する。しかし、富裕国と貧困国との格差を念頭に置くのならば、富裕国における最も貧しい成員の立場を改善させる要求よりも、貧困国への富の移転や諸国家という分業体制そのものの変更要求の方が、可能性としてはよりありうるように思える。いずれにせよここでの問題は、こうした分業が正義に適っているかどうかという判断が、本当にその分業によって世界的に見て最も貧しい人びとの立場が最大化されるかどうかに完全に依拠してしまう点にある。それゆえ、分業の一つの枝葉となる一つの国家内で、成員間の不平等、分配の正しさを改めて問う意義が無くなってしまう。

(108) 注106で参照したK・タンも、各国の立場を国内的な分配的正義の下での行為主体と同等にみなすことで、ナショナルな自己決定とグローバルな分配的正義との調和を図っている（Tan 2004: 195-196）。

(109) その場合、理想としてのグローバルな分配的正義を説得的なものとして提示していく上で、共通する制度的関係の存在とは別の論拠が必要となるだろう。こうした構想の一つとして、各人の選択や努力による差異を尊重する一方でそれらと無関係な運、不運による不平等を問題視する、「運の平等主義（Luck Egalitarianism）」のグローバルな拡大版が考えられる。これらの主張としては Fabre 2007; Tan 2011; Tan 2012 を参照。この正義構想を批判したものとして上原 2017 を参照。なお、このグローバルな運の平等主義をはじめとした、非関係論的で平等主義的な正義構想の有力な根拠の一つとして、各国の成員という区別の偶然性かつ恣意性がしばしば指摘される。これは、各国家に生まれ落ちたこと自体は個人の選択に基づいていないという偶然性の強調であり、この偶然性に依拠する区別は道徳的な観点から恣意的である、という主張である。しかしながら、国家の成員／非成員の区別を性別や人種による区別同様に恣意的とみなすかどうかは、決して自明なことではない（Armstrong 2010: 327-328）。

(110) たとえば Rawls 1999b: 42-43 邦訳五七―五九頁や、D. Miller 2007: 251-253 邦訳三〇一―三〇三頁における記述を参照。

(111) この点で、国際的な分配的正義を単純な平等の要求として仮に想定したとしても、異なる国の人びとの間の格差は残り続けることになる。それゆえ、国際的な分配的正義への配慮は結果として、現状の先進諸国と発展途上国との間の不平等を固定化し続けることになるのではないか、という懸念が生じるかもしれない。これに対しては、国際的な分配的正義はグローバルな正義の全てを意味するものではない、という点を強調したい。様々な事情から不利な立場に陥っている国々の自立を目的とするいわゆる「援助の義務」の観点から、発展途上国がより豊かになりうるための条件整備への配慮を現今の先進諸国に求めることは、当然可能である。

(112) これらの不正義による相互関係については、Koller 2010: 148-155 を参照。

(113) 第二章で取り上げたように、こうした国際的な背景的正義はロールズにおいても重要視されているものの、彼はこの問題に対してあくまで「援助の義務」で応答しようとしている（Rawls 1999b: 43 邦訳五一頁）。そこで論じたように、そうした彼の応答は背景的正義への対処として不適当である。

(114) 背景的正義の重要性という根拠からの国内社会を越えた社会経済的な正義の主張として Ronzoni 2009 を参照。ここでも問題は、この根拠をもって一元的なグローバルな分配的正義を正当化することができるのかどうか、という点である。いずれにせよこうした背景的正義の考慮の必要性は、国際的な分配的正義の重要性を示す根拠の一つであると考えられる。

(115) 本章では、ジェームズの議論における重要な特徴である実践依存的な方法論――現行の実践そのものの解釈から出発しつつも、当の実践への道徳的指針の提示を目指していく手法――について詳述することも、批判的に検討していくこともできない。この点を検討した貴重な邦語研究として山田 2016 を参照。その他、ジェームズの実践依存性についての分析として

Beitz 2014を参照。ジェームズ自身の説明としては、主著であるJames 2012の他ではJames 2013を参照。

(116) 国内／国際との制度的差異を根拠として、分配的正義の問い自体の成立を否定する（弱いテーゼを否定する）のが従来からの国家主義の議論である。議論をやや先取りする形になるが、それとは対照的に次に取り上げるジェームズの主張こそが、問い自体を受け入れた上で（国内的な分配的正義の原理とは）別個の原理を展開するものとなっている。

(117) ここで問題となっている社会実践は継続的で反復的なものである以上、一回限りの取引を対象とした一時的な正当化とは異なり、実践という構造そのものに対する参与者への正当化が「構造的衡平性（structural equity）」として要求される（James 2012: 138-140）。もちろん、ここで取り上げられる貿易実践もまた、その時々の商取引ではなく実践そのものが問題となっている以上、構造的衡平性を勘案した正当化が求められている（James 2012: 150-152）。

(118) 本論で特に取り上げない、ジェームズの集合的配慮の原理への批判的検討としてC. Barry 2014を参照。

(119) この絶対的貧困への特別な考慮が認められるのはなぜかというと、貿易実践に参与するにあたってそれが、「貿易諸国は共有された実践の果実を享受する必要があるという、先行する独立した要求を修正してしまうから」〔強調点は原文〕であるとされる（James 2012: 224）。

(120) もちろん、各国のそうした資産もまた貿易という協働関係の影響を受けるだろう。ジェームズは以下のように想定している。貿易と（貿易とは区別されるべき）各国の資産との正確な区別がたとえ困難であったとしても、このことは、それによって各国の期待が形成されることになる国際協働関係の公平さを問うことができない（問う意義がない）ということを意味するものではない（James 2012: 181-183）。この点については、彼による批判への応答James 2014: 298-300も参照。なお、本書も彼のこの見解に同意するものである。つまり、現実世界において、たとえ国内的な分配的正義の問題群と国際的な分配的正義の問題群との間に明確な線引きができなかったとしても、そのこと自体は、そもそもの概念的な区別が不必要だということを意味するものではないし、ましてや、ひとまとめに考察しなければならないという主張を裏づけするものにもならない。

(121) ジェームズ自身は、国際協働と国内的な社会協働との根本的な差異として、後者においては分配取り分の主体とみなされる成員が所持している資産そのものが、問題とされるべき社会協働の産物である点を強調している（James 2012: 222）。

(122) 仮に、調整対象となる各国自前の資産が人口規模のみを意味するものだとすれば、それは、彼も示唆しているように（James 2012: 181）、人口規模が二倍異なる諸国家においては二倍という不平等な利得を公平な取り分として期待してしかるべきであるといった形で、結果として属する国家を無視した個人間での平等が配慮されるだろう。しかし、彼が念頭に置いている資産は人口規模だけではない。ジェームズによるこの各国自前の資産の議論についての批判として、以下でも言及する Olson 2014 を参照。

(123) 誤解を避けるために付言しなければならないのは、ここでは今ある現実世界そのものではなく、グローバルな正義の「理想理論」を想定しているという点である。すなわち、各国が国内的にも国際的にも正義に適った状況にあるということが理論前提にある。国際的な分配的正義の含意は、そうした理想的な状況にあってもなお、国際協働の産物は分配的正義が問われるべきものであり、それは世界中の人びとの平等という観点から応答されるべきものとみなせる、という点にある。

(124) 個人の平等な処遇という観念の是認が必ずしもそうした個人間での分配的平等という主張と結びつかないという議論は、国家主義の立場の論者が多く強調してきた。重要な議論として、Risse 2012. chap. 2; Sangiovanni 2013 を参照。彼らの議論が、コスモポリタニズムに対してのみならず国際的な分配的正義構想に対しても妥当なものとなるかどうかが改めて検討されなければならない。

(125) 注意すべき点は、これはあくまで本書で定義した分配的正義に関するものだということである。それゆえ本書は、制度的関係を前提としない十分主義的な内容を持つ正義の義務に対して何かを主張したものではないし、そうした制度的関係そのものを構築すべきとする自然的な義務を否定するものでもない。

(126) 制度的関係を平等主義の必要条件とみなす見解への批判として Wollner 2010 を参照。

(127) 異なる道徳指針の比較検討を重視した理想理論の批判の代表的な例として Sen 2009 を参照。この論点については、Gilabert 2012b; Valentini 2011c; Freeman 2012; Biondo 2012; Wiens 2015 を参照。

◆参考文献（邦訳書の訳文は適宜変更させていただいた）

Abizadeh, Arash（2007）“Cooperation, Pervasive Impact, and Coercion: On the Scope（not Site）of Distributive Justice”, *Philosophy & Public Affiars*, 35, 4, 318–358.

Armstrong, Chris（2009）“Coercion, Reciprocity, and Equality Beyond the State”, *Journal of Social Philosophy*, 40, 3, 297–316.

———（2010）“National Self-Determination, Global Equality and Moral Arbitrariness”, *The Journal of Political Philosophy*, 18, 3, 313–334.

———（2012）*Global Distributive Justice: An Introduction*, New York: Cambridge University Press.

Arneson, Richard（2005）“Do Patriotic Ties Limit Global Justice Duties?”, *The Journal of Ethics*, 9, 1-2, 127–150.

Barry, Brian（1989a）*Democracy, Power and Justice: Essays in Political Theory*, New York: Oxford University Press.

———（1989b）*Theories of Justice*, Berkeley: University of California Press.

Barry, Christian（2014）“The regulation of harm in international trade: a critique of James’s Collective Due Care principle”, *Canadian Journal of Philosophy*, 44, 2, 255–263.

Barry, Christian and Gilabert, Pablo（2008）“Does Global Egalitarianism Provide an Impractical and Unattractive Ideal of Justice?”, *International Affairs*, 84, 5, 1025–1039.

Baynes, Kenneth（2006）“Ethos and Institution: On the Site of Distributive Justice”, *Journal of Social Philosophy*, 37, 2. 182–196.

Beitz, Charles（1999a）*Political Theory and International Relations: With a New Afterword by the Author*, Princeton: Princeton University Press〔進藤榮一訳『国際秩序と正義』岩波書店、一九八九年〕.

———（1999b）“Social and Cosmopolitan Liberalism”, *International Affairs*, 75, 3, 515–529.

——— (2000) "Rawls's Law of Peoples", *Ethics*, 110, 4, 669–696.

——— (2005) "Cosmopolitanism and Global Justice", *The Journal of Ethics*, 9, 1, 11–27.

——— (2014) "Internal and external", *Canadian Journal of Philosophy*, 44, 2, 225–238.

Benshalom, Ilan (2010) "The New Poor at Our Gates: Global Justice Implications for International Trade and Tax Law", *New York University Law Review*, 85, 1, 1–82.

Bercuson, Jeffrey (2012) "Do Rawls's Theories of Justice Fit Together? A Reply to Pogge", *Journal of Global Ethics*, 8, 2-3, 251–267.

Biondo, Francesco (2012) "Comparative vs. Transcendental Approaches to Justice: A Misleading Dichotomy in Sen's *The Idea of Justice*", *An International Journal of Jurisprudence and Philosophy of Law*, 25, 4, 555–577.

Blake, Michael (2001) "Distributive Justice, State Coercion, and Autonomy", *Philosophy & Public Affairs*, 30, 3, 257–296.

——— (2012) "Global Distributive Justice: Why Political Philosophy Needs Political Science", *Annual Review of Political Science*, 15, 121–36.

——— (2013) *Justice and Foreign Policy*, Oxford: Oxford University Press.

——— (2016) "Global Distributive Justice: The Statist View", in D. Held and P. Maffettone (eds.), *Global Political Theory*, Cambridge: Polity Press, pp. 40–55.

Blake, Michael and Risse, Mathias (2008) "Two Models of Equality and Responsibility", *Canadian Journal of Philosophy*, 38, 2, 165–200.

Brock, Gillian (2009) *Global Justice: A Cosmopolitan Account*, Oxford: Oxford University Press.

Brock, Gillian and Brighouse, Harry (2005) "Introduction" in G. Brock and H. Brighouse (eds.), *The Political Philosophy of Cosmopolitanism*, Cambridge: Cambridge University Press, pp. 1–9.

Brown, Chris (2002) *Sovereignty, Rights and Justice: International Political Theory Today*, Cambridge: Polity Press.

Buchanan, Allen (2000) "Rawls's Law of Peoples: Rules for a Vanished Westphalian World", *Ethics*, 110, 4, 697–721.

——— (2004) *Justice, Legitimacy, and Self-Determination Moral Foundations for International Law*, Oxford: Oxford University Press.

Cabrera, Luis (2004) *Political Theory of Global Justice: A cosmopolitan case for the world state*, London: Routledge.

Caney, Simon (2002) "Survey Article: Cosmopolitanism and the Law of Peoples", *The Journal of Political Philosophy*, 10, 1, 95–123.

——— (2005) *Justice Beyond Borders: A Global Political Theory*, Oxford: Oxford University Press.

——— (2008) "Global Distributive Justice and the State", *Political Studies*, 56, 3, 487–518.

Cavallero, Eric (2010) "Coercion, Inequality and the International Property Regime", *The Journal of Political Philosophy*, 18, 1, 16–31.

Cohen, G. A. (2008) *Rescuing Justice and Equality*, Cambridge: Harvard University Press.

Cohen, Joshua and Sabel, Charles (2006) "Extra Rempublicam Nulla Justitia?", *Philosophy & Public Affairs*, 34, 2, 147–175.

Fabre, Cécile (2007) "Global Distributive Justice: An Egalitarian Perspective", in D. Weinstock (ed.), *Global Justice, Global Institutions*, Calgary: University of Calgary Press, pp. 139–164.

Farrelly, Colin (2007) "Justice in Ideal Theory: A Refutation", *Political Studies*, 55, 4, 844–864.

Follesdal, Andreas (2011) "The Distributive Justice of a Global Basic Structure: A Category Mistake?", *Politics, Philosophy & Economics*, 10, 1, 46–65.

Freeman, Samuel (2006a) "The Law of Peoples, Social Cooperation, Human Rights, and Distributive Justice", *Social Philosophy & Policy Foundation*, 23, 1, 29–68.

——— (2006b) "Distributive Justice and *The Law of Peoples*", in R. Martin and D. Reidy (eds.), *Rawls's Law of Peoples: A Realistic Utopia?*, Oxford: Blackwell Publishing, pp. 243–260.

——— (2007) *Rawls*, New York: Routledge.

——— (2012) "Ideal Theory and the Justice of Institutions vs. Comprehensive Outcomes", *Rutgers Law Journal*, 43, 169–209.

——— (2013) "The Basic Structure of Society as the Primary Subject of Justice", J. Mandle and D. A. Reidy (eds.), *A Companion to Rawls*, Oxford: Wiley-Blackwell, pp. 89–111.

Fuller, Lisa (2012) "Burdened Societies and Transitional Justice", *Ethical Theory and Moral Principles*, 15, 3, 369–386.

Gilabert, Pablo（2008）“Global Justice and Poverty Relief in Nonideal Circumstances”, *Social Theory and Practice*, 34, 3, 411–438.

———（2012a）*From Global Poverty to Global Equality: A Philosophical Exploration*, Oxford: Oxford University Press.

———（2012b）“Comparative Assessments of Justice, Political Feasibility, and Ideal Theory”, *Ethical Theory and Moral Principles*, 15, 1, 39–56.

Gilabert, Pablo and Lawford-Smith, Holly（2012）“Political Feasibility: A Conceptual Exploration”, *Political Studies*, 60, 4, 809–825.

Goodhart, Michael（2012）“Constructing Global Justice: a Critique”, *Ethics & Global Politics*, 5, 1, 1–26.

Goodin, Robert E.（1988）“What is So Special about Our Fellow Countrymen?”, *Ethics*, 98, 4, 663–686.

Hamlin, Alan and Stemplowska, Zofia (2012）“Theory, Ideal Theory and the Theory of Ideals”, *Political Studies Review*, 10, 1, 48–62.

Hart, H. L. A.（1994［1961］）*The Concept of Law: Second Edition*, Oxford: Oxford University Press〔矢崎光圀監訳『法の概念』みすず書房、一九七六年〕.

Hume, David（1992［1739］）*Treatise of Human Nature*, New York: Prometheus Books.

———（1998［1751］）*An Enquiry concerning the Principles of Morals*, Oxford: Oxford University Press.

Jaggar, Alison（2014）“Introduction: Gender and Global Justice: Rethinking Some Basic Assumptions of Western Political Philosophy”, in A. Jaggar（ed.）, *Gender and Global Justice*, Cambridge: Polity Press.

James, Aaron（2005）“Constructing Justice for Existing Practice: Rawls and the Status Quo”, *Philosophy & Public Affairs*, 33, 3, 281–316.

———（2012）*Fairness in Practice: A Social Contract for a Global Economy*, Oxford: Oxford University Press.

———（2013）“Why Practices?”, *Raisons Politiques*, 51, 43–61.

———（2014）“Reply to Critics”, *Canadian Journal of Philosophy*, 44, 2, 286–304.

Jones, Charls（1999）*Global Justice: Defending Cosmopolitanism*, Oxford: Oxford University Press.

Jubb, Robert（2012）“Tragedies of Non-ideal Theory”, *European Journal of Political Theory*, 2012, 11, 3, 229–246.

Julius, A. J. (2003) "Basic Structure and the Value of Equality", *Philosophy & Public Affairs*, 31, 4, 321–355.

Koller, Peter (2010) "On the Interrelations between Domestic and Global (In) Justice", *Critical Review of International Social and Political Philosophy*, 13, 1, 137–158.

Kukathas, Chandran (2006) "The Mirage of Global Justice", *Social Philosophy and Policy*, 23, 1, 1–28.

Kuper, Andrew (2000) "Rawlsian Global Justice: Beyond The Law of Peoples to a Cosmopolitan Law of Persons", *Political Theory*, 28, 5, 640–674.

Lægaard, Sune (2006) "Feasibility and Stability in Normative Political Philosophy: The Case of Liberal Nationalism", *Ethical Theory and Practice*, 9, 4, 399–416.

Lawford-Smith, Holly (2010) "Debate: Ideal Theory—A Reply to Valentini", *The Journal of Political Philosophy*, 18, 3, 357–368.

Maffettone, Pietro (2009) "The WTO and the Limits of Distributive Justice", *Philosophy & Social Criticism*, 35, 3, 243–267.

Mandle, Jon (2006) *Global Justice*, Cambridge: Polity Press.

Meckled-Garcia, Saladin (2008) "On the Very Idea of Cosmopolitan Justice: Constructivism and International Agency", *The Journal of Political Philosophy*, 16, 3, 245–271.

———— (2011) "International Law and The Limits of Global Justice", *Review of International Studies*, 37, 5, 2073–2088.

Milanovic, Branko (2011) *The Haves and the Have-Nots: A Brief and Idiosyncratic History of Global Inequality*, New York: Basic Books〔村上彩訳『不平等について——経済学と統計が語る26の話』みすず書房、二〇一二年〕.

Miller, David (1995) *On Nationality*, Oxford: Oxford University Press〔富沢克・長谷川一年・施光恒・竹島博之訳『ナショナリティについて』風行社、二〇〇七年〕.

———— (1999) *Principles of Social Justice*, Cambridg: Harvard University Press.

———— (2007) *National Responsibility and Global Justice*, Oxford: Oxford University Press〔富沢克・伊藤恭彦・長谷川一年・施光恒・竹島博之訳『国際正義とは何か——グローバル化とネーションとしての責任』風行社、二〇一一年〕.

Miller, Richard (1998) "Cosmopolitan Respect and Patriotic Concern", *Philosophy and Public Affairs*, 27, 3, 202–224.

———— (2010) *Globalizing Justice: The Ethics of Poverty and Power*, Oxford: Oxford University Press.

Mills, Charles W.（2005）““Ideal Theory” as Ideology”, *Hypatia*, 20, 3, 165–184.

Moellendorf, Darrel（2002）*Cosmopolitan Justice*, Boulder: Westview Press.

————（2009a）*Global Inequality Matters*, Basingstoke: Palgrave Macmillan.

————（2009b）“Global Inequality and Injustice”, *Journal of International Development*, 21, 8, 1125–1136.

————（2016）“Global Distributive Justice: The Cosmopolitan View”, in *Global Political Theory*, pp. 56–74.

Murphy, Liam（1999）“Institutions and the Demands of Justice”, *Philosophy & Public Affairs*, 27, 4, 251–291.

————（2000）*Moral Demands in Nonideal Theory*, New York: Oxford University Press.

Nagel, Thomas（1991）*Equality and Partiality*, New York: Oxford University Prees.

————（2005）“The Problem of Global Justice”, *Philosophy & Public Affairs*, 33, 2, 113–147.

Nili, Shmuel（2010）“A Poggean Passport for Fairness? Why Rawls' Theory of Justice did not Become Global”, *Ethics & Global Politics*, 3, 4, 277–311.

Nussbaum, Martha（2006）*Frontiers of Justice: Disability, Nationality, Species Membership*, Cambridge: Harvard University Press〔神島裕子訳『正義のフロンティア——障碍者・外国人・動物という境界を越えて』法政大学出版局、二〇一二年〕.

OECD（2016）“History of the 0.7% ODA Target”（https://www.oecd.org/dac/stats/ODA-history-of-the-0-7-target.pdf）

————（2017）“Development aid rises again in 2016 but flows to poorest countries dip”（http://www.oecd.org/dac/stats/development-aid-rises-again-in-2016-but-flows-to-poorest-countries-dip.htm）

Olson, Kristi（2014）“Autarky as a moral baseline”, *Canadian Journal of Philosophy*, 44, 2, 264–285.

O'neill, Onora（2000）*Bounds of Justice*, Cambridge: Cambridge University Press〔神島裕子訳『正義の境界』みすず書房、二〇一六年〕.

Paden, Roger（1997）“Rawls's Just Savings Principle and the Sense of Justice”, *Social Theory and Practice*, 23, 1, 27–51.

Pendlebury, Michael（2007）“Global Justice and The Specter of Leviathan”, *The Philosophical Forum*, 38, 1, 43–56.

Pevnick, Ryan（2008）“Political Coercion and the Scope of Distributive Justice”, *Political Studies*, 56, 2, 399–413.

Pogge, Thomas（1989）*Realizing Rawls*, Ithaca: Cornell University Press.

————（1994）“An Egalitarian Law of Peoples”, *Philosophy & Public Affairs*, 23, 3, 195–224.

——— (1995) "Three Problems with Contractarian-Consequentialist Ways of Assessing Social Institutions", *Social Philosophy and Polcy*, 12, 2, 241–266.

——— (2000) "On the Site of Distributive Justice: Reflections on Cohen and Murphy", *Philosophy & Public Affairs*, 29, 2, 137–169.

——— (2001) "Rawls on International Justice", *The Philosophical Quarterly*, 51, 203, 246–253.

——— (2005) "Severe Poverty as a Violation of Negative Duties", *Ethics & International Affairs*, 19, 1, 55–83.

——— (2006) "Do Rawls's Two Theories of Justice Fit Together?", in *Rawls's Law of Peoples: A Realistic Utopia?*, pp. 206–225.

——— (2007) "Severe Poverty as a Human Rights Violation", in T. Pogge (ed.), *Freedom from Poverty as a Human Rights: Who Owes What to The Very Poor?*, New York: Oxford University Press.

——— (2008a) *World Poverty and Human Rights: Cosmopolitan Responsibilities and Reforms; Second Edition*, Cambridge: Polity Press〔立岩真也監訳『なぜ遠くの貧しい人への義務があるのか——世界的貧困と人権』生活書院、二〇一〇年〕.

——— (2008b) "Cohen to the Rescue!", *Ratio*, 21, 4, 454–475.

Porter, Thomas (2009) "The Division of Moral Labor and the Basic Structure Objection", *Politics, Philosophy & Economics*, 8, 2, 173–199.

Räikkä, Juha (1998) "The Feasibility Condition in Political Theory", *The Journal of Philosophy*, 6, 1, 27-40.

Rawls, John (1993) "The Law of Peoples", in S. Shute and S. Hurley (eds.), *On Human Rights: The Oxford Amnesty Lectures*, New York: Basic Books, pp. 41–82〔中島吉弘・松田まゆみ訳「万民の法」『人権について：オクスフォード・アムネスティ・レクチャーズ』みすず書房、一九九八年、五一—九七頁〕.

——— (1999a) *A Theory of Justice: Revised Edition*, Cambridge: Harvard University Press〔川本隆史・福間聡・神島裕子訳『正義論：改訂版』紀伊国屋書店、二〇一〇年〕.

——— (1999b) *The Law of Peoples: with "The Idea of Public Reason Revisited"*, Cambridge: Harvard University Press〔中山竜一訳『万民の法』岩波書店、二〇〇六年〕.

——— (2001) *Justice as Fairness: A Restatement*, E. Kelly (ed.), Cambridge: Harvard University Press〔田中成明・亀本洋・平井亮輔訳『公正としての正義　再説』岩波書店、二〇〇四年〕.

——— (2005) *Political Liberalism*, expanded edition, New York: Columbia University Press.

Reidy, David (2004) “Rawls on International Justice: A Defense”, *Political Theory*, 32, 3, 291–319.

——— (2006) “Reciprocity and Reasonable Disagreement: From Liberal to Democratic Legitimacy”, *Philosophical Studies*, 132, 2, 243–291.

——— (2007) “A Just Global Economy: In Defense of Rawls”, *The Journal of Ethics*, 11, 2, 193–236.

Richards, David (1982) “International Distributive Justice”, in J. Pennock and J. Chapman (eds.), *Ethics, Economics and Law*: NOMOS XXIV, New York: New York University Press, pp. 275–299.

Risse, Mathias (2005) “What We Owe to the Global Poor”, *The Journal of Ethics*, 9, 1, 81–117

——— (2012) *On Global Justice*, Princeton: Princeton University Press.

Ronzoni, Miriam (2009) “The Global Order: A Case of Background Justice? a Practice-Dependent Account”, *Philosophy & Public Affairs*, 37, 3, 229–256.

Sangiovanni, Andrea (2007) “Global Justice, Reciprocity, and the State”, *Philosophy & Public Affairs*, 35, 1, 3–39.

——— (2013) “On the Relation Between Moral and Distributive Equality”, in G. Brock (ed.), *Cosmopolitanism Versus Non-Cosmopolitanism: Critiques, Defenses, Reconceptualizations*, Oxford: Oxford University Press, 55–74.

Scanlon, Thomas (1989) “Rawls’ Theory of Justice”, in N. Daniels (ed.), *Reading Rawls: Critical Studies on Rawls’ ‘A Theory of Justice’*, Stanford: Stanford University Press, pp. 169–205.

Scheffler, Samuel (2010) *Equality and Tradition: Questions of Value in Moral and Political Theory*, New York: Oxford University Press.

Sen, Amartya (2009) *The Idea of Justice*, London: Penguin Books〔池本幸生訳『正義のアイデア』明石書店、二〇一一年〕.

Shue, Henry (1996 [1980]) *Basic Rights: subsistence, affluence, and U.S. foreign policy*. Princeton: Princeton University Press.

Simmons, A. John. (2010) “Ideal and Nonideal Theory”, *Philosophy & Public Affairs*, 38, 1, 5–36.

Singer, Peter (2002) *One World: the ethics of globalization*, London: Yale University Press〔山内友三郎・樫則章監訳『グローバリゼーションの倫理学』昭和堂、二〇〇五年〕.

——— (2008 [1972]) “Famine, Affluence, Morality”, in T. Pogge and K. Horton (eds.), *Global Ethics: Seminal Essays*, St. Paul:

Paragon House, pp. 1–14.
Steiner, Hillel (2002) "Just Taxation and International Redistribution", in I. Shapiro and L. Brilmayer (eds.), *Global Justice: NOMOS XLI*, New York: New York University Press, pp. 171–191.
Stemplowska, Zofia (2008) "What's Ideal about Ideal Theory?", *Social Theory and Practice*, 34, 3, 319–340.
Tamir, Yael (1993) *Liberal Nationalism*, Princeton: Princeton University Press〔押村高・高橋愛子・森分大輔・森達也訳『リベラルなナショナリズムとは』夏目書房、二〇〇六年〕.
Tan, Kok-Chor (2004) *Justice without Borders: Cosmopolitanism, Nationalism and Patriotism*, Cambridge: Cambridge University Press.
——— (2006) "The Problem of Decent Peoples", in *Rawls's Law of Peoples: A Realistic Utopia?*, pp. 76–94.
——— (2011) "Luck, Institutions, and Global Distributive Justice; A Defence of Global Luck Egalitarianism", *European Journal of Political Theory*, 10, 3, 394–421.
——— (2012) *Justice, Institutions, & Luck: The Site, Ground, and Scope of Equality*, Oxford: Oxford University Press.
——— (2017) *What is This Thing Called Global Justice?*, New York: Routledge.
Thomas, Alan (2011) "Cohen's Critique of Rawls: A Double Counting Objection", *Mind*, 120, 480, 1099–1141.
UN (2015) "Transforming our world: the 2030 Agenda for Sustainable Development" (https://sustainabledevelopment.un.org/post2015/transformingourworld)
Valentini, Laura (2009) "On the Apparent Paradox of Ideal Theory", *The Journal of Political Philosophy*, 17, 3, 332–355.
——— (2011a) *Justice in a Globalized World: A Normative Framework*, Oxford: Oxford University Press.
——— (2011b) "Coercion and (Global) Justice", *American Political Science Review*, 105, 1, 205–220.
——— (2011c) "A Paradigm Shift in Theorizing about Justice? a Critique of Sen", *Economics and Philosophy*, 27, 3, 297–315.
——— (2012) "Ideal vs. Non-ideal Theory: A Conceptual Map", *Philosophy Compass*, 7, 9, 654–664.
Wellman, Cristopher (2012) "Reinterpreting Rawls's *The Law of Peoples*", *Social Philosophy & Policy*, 29, 1, 213–232.
Wenar, Leif (2008) "Human rights and equality in the work of David Miller", *Critical Review of International Social and Political Philosophy*, 11, 4, 401–411.

Wiens, David（2015）"Against Ideal Guidance", *Journal of Politics*, 77, 2, 433-446.

――（2017）"Cosmopolitanism and Competition: Probing the Limits of Egalitarian Justice", *Economics & Philosophy*, 33, 1, 91-114.

Williams, Andrew（1989）"Incentive, Inequality, and Publicity", *Philosophy & Public Affairs*, 27, 3, 225-247.

Wollner, Gabriel（2010）"Framing, Reciprocity and the Grounds of Egalitarian Justice", *Res Publica*, 16, 3, 281-298.

Young, Iris Marion（2011）*Responsibility for Justice*, New York: Oxford University Press〔岡野八代・池田直子訳『正義への責任』岩波書店、二〇一四年〕.

Ypi, Lea（2008）"Statist Cosmopolitanism", *The Journal of Political Philosophy*, 26, 1, 48-71.

――（2012）*Global Justice and Avant-Garde Political Agency*, Oxford: Oxford University Press.

飯島昇藏（2001）『社会契約』〈社会科学の理論とモデル〉東京大学出版会。

伊藤恭彦（2010）『貧困の放置は罪なのか――グローバルな正義とコスモポリタニズム』人文書院。

――（2014）「グローバル・ジャスティス――公正な地球社会をめざす規範」川崎修編『岩波講座　政治哲学6　政治哲学と現代』岩波書店、二二三―二四四頁。

井上彰（2017）「解題――グローバル正義論に関する覚書」マリー・ドゥリュ＝ベラ（林昌宏訳）『世界正義の時代――格差削減をあきらめない』吉田書店、一三九―一八九頁。

井上達夫（2012）『世界正義論』筑摩書房。

上原賢司（2011a）「グローバル・ジャスティス論――国境を越える分配的正義」小田川大典・五野井郁夫・高橋良輔編『国際政治哲学』ナカニシヤ出版、五四―八五頁。

――（2011b）「グローバルな正義と再分配」齋藤純一編『支える――連帯と再分配の政治学』風行社、一八九―二一八頁。

――（2016）「グローバルな不正義と貧困――グローバル・インジャスティス：再考」姜尚中・齋藤純一編『逆光の政治哲学――不正義から問い返す』法律文化社、一七三―一九二頁。

――（2017）「無関係な人びとの間の平等主義的正義は何を意味するのか――グローバルな運の平等主義の批判的検討」政治思想学会『政治思想研究』第一七号、三九二―四二二頁。

上原賢司・河野勝（2013）「事実の取捨選択と規範理論――ロールズ正義論における〈国内／国外〉区分の理論家問題」田中愛治監修、河野勝編『新しい政治経済学の胎動』勁草書房、七七―一〇五頁。

宇佐美誠（2005）「グローバルな正義」ホセ・ヨンパルト／三島淑臣／長谷川晃編『法の理論 24』成文堂、六七―九三頁。

――――（2008）「グローバルな正義・再論」ホセ・ヨンパルト／三島淑臣／竹下賢／長谷川晃編『法の理論 27』成文堂、九七―一二三頁。

宇佐美誠（編）（2014）『グローバルな正義』勁草書房。

内田智（2012）「国際社会におけるデモクラシーの可能性」齋藤純一・田村哲樹編『アクセス デモクラシー論』日本経済評論社、二七〇―二九〇頁。

浦山聖子（2011-2012）「グローバルな平等主義と移民・外国人の受け入れ（一）～（五・完）」国家学会『国家学会雑誌』第一二四巻、第七―八号、六二一―六六一頁、第九―一〇号、七五八―八〇五頁、第一一―一二号、八五七―八八八頁、第一二五巻、第一―二号、一―四〇頁、第三―四号、一二九―一五三頁。

押村高（2008）『国際正義の論理』講談社。

――――（2010）『国際政治思想――生存・秩序・正義』勁草書房。

外務省（2015）「開発協力大綱について」(http://www.mofa.go.jp/mofaj/files/000067688.pdf)。

神島裕子（2006）「ロールズ「諸国民の法」にみる「政治」の限界」政治思想学会『政治思想研究』第六号、一一〇―一三六頁。

――――（2015）『ポスト・ロールズの正義論――ポッゲ・セン・ヌスバウム』ミネルヴァ書房。

岸見太一（2013）「移民選別とデモクラシー――法的強制を基準とする境界画定論の検討」日本政治学会『年報政治学 2013-II 危機と政治変動』、二五二―二七三頁。

――――（2014）「政治理論は個別事実をどのようにふまえるべきか――D・ミラーの文脈主義的難民受け入れ論の批判的検討を出発点として」政治思想学会『政治思想研究』第一四号、二三四―二六四頁。

木山幸輔（2014）「グローバル世界における人権の導出――自然法アプローチと尊厳構想へ向かって」政治思想学会『政治思想研究』第一四号、二〇一―二三三頁。

栗田匡相・野村宗訓・鷲尾友春（編）（2014）『日本の国際開発援助事業』日本評論社。

古賀敬太（2014）『コスモポリタニズムの挑戦――その思想史的考察』風行社。

後藤玲子（2006）「世代間正義の原理とその制定手続き――ロールズ社会契約論再考」鈴村興太郎編『世代間衡平性の論理と倫理』東洋経済新報社、三三七―三五八頁。

五野井郁夫（2011）「グローバル・デモクラシー論――国境を越える政治の構想」『国際政治哲学』、一五五―一八二頁。

白川俊介（2012）『ナショナリズムの力――多文化共生世界の構想』勁草書房。

瀧川裕英（2013）「コスモポリタニズムと制度的分業」法哲学会『法哲学年報2012　国境を越える正義――その原理と制度』、七二―八八頁。

竹原憲雄（2014）『日本型ODAと財政――構造と軌跡』ミネルヴァ書房。

竹村和也（2004）「グローバルな正義論――人権論からのアプローチ」ホセ・ヨンパルト／三島淑臣／長谷川晃編『法の理論　23』成分堂、五九―七九頁。

千葉眞（2014）『連邦主義とコスモポリタニズム――思想・運動・制度構想』風行社。

内閣府（2016）「外交に関する世論調査」（http://survey.gov-online.go.jp/index-gai.html）。

内藤正典・岡野八代（編）（2013）『グローバル・ジャスティス――新たな正義論への招待』ミネルヴァ書房。

福原正人（2012）「「リベラルな戦争」という構想――ウォルツァー正戦論の批判的検討を通じて」政治思想学会『政治思想研究』第一二号、三七一―四〇五頁。

本多倫彬（2017）「ＪＩＣＡの平和構築支援の史的展開（一九九九―二〇一五）――日本流平和構築アプローチの形成」日本国際政治学会『国際政治』第一八六号、九七―一一五頁。

松元雅和（2012）「政治哲学における実行可能性問題の検討」政治思想学会『政治思想研究』第一二号、四〇六―四三三頁。

――（2013）『平和主義とは何か――政治哲学で考える戦争と平和』中公新書。

――（2015）『応用政治哲学――方法論の探究』風行社。

山岡龍一（2015）「所有権と領土権――規範的政治理論における主権国家概念の再検討」政治思想学会『政治思想研究』第一五号、三〇―五七頁。

山崎望（2012）『来たるべきデモクラシー――暴力と排除に抗して』有信堂。

山田祥子（2016）「グローバルな正義論における「現実」の意味（２）――制度主義を中心に」名古屋大学『名古屋大学法政論集』第二六五号、八五―一一九頁。

渡辺幹雄（2000）『ロールズ正義論の行方——その全体系の批判的考察〈増補新装版〉』春秋社。

[初出一覧]

序章　書き下ろし。
第一章　書き下ろし。
第二章　「国際的な援助の義務の優先性とジョン・ロールズの「援助の義務」」田中愛治監修、須賀晃一・齋藤純一編『政治経済学の規範理論』勁草書房、二〇一一年、二一七―二三三頁。
第三章　「グローバルな正義の義務と非遵守」宇野重規・山崎望・井上彰編『実践する政治哲学』ナカニシヤ出版、二〇一二年、一四五―一七四頁。
第四章　書き下ろし。
第五章　「「国際的な」分配的正義」日本政治学会編『年報政治学 2012-II　現代日本の団体政治』木鐸社、二〇一二年、三三一―三五二頁。
第六章　書き下ろし。
結論　書き下ろし。

あとがき

本書は、早稲田大学政治学研究科に二〇一五年三月に提出され、同年一〇月に博士（政治学）の学位を授与された論文「複数国家からなる一つの世界におけるグローバルな正義」に加筆と修正を施したものである。本書の出版は、早稲田大学現代政治経済研究所の出版助成を受けてのものである。同研究所ならびに、下敷きとなった論文の転載を許可して下さった勁草書房、ナカニシヤ出版、日本政治学会、木鐸社にまず御礼申し上げる。

本書ならびに元の論文の執筆にあたっては、実に多くの方々からの指導や支援をいただいた。ここでその全ての方のお名前を挙げることはできないが、皆様に感謝を申し上げたい。

齋藤純一先生には、大学院に入って以来、長年にわたって指導していただき、博士論文の主査もしていただいた。先生は、政治理論の最先端の研究書から政治思想の古典的名著にいたるまで、どのように読み進めてどのように問いを立てれば良いのかを、実に丁寧に教えてくださった。先生と過ごしたゼミや研究会（とそれらの後の長時間の食事会）の時間は、私にとって何物にも代えられない貴重な経験である。そもそも、大学院に入りたてで自分のテーマすらおぼろげな私を受け入れてくださり、グローバルな正義論の面白さと重要さを私に示唆してくださったのは、他でもない齋藤先生であった。あらためて感謝を申し上げるとともに、今後、受けた学恩をできるかぎり返すべく、一層研究に励んでいきたい。

博士論文の副査をつとめていただき、また長年にわたって多くの助言を与えてくださった、押村高先生と谷澤正嗣先生にも御礼を申し上げたい。グローバルな正義論の偉大な先行研究者でもある押村先生からは、修士課程以来、いくどとなく多くのアドバイスを頂戴することができた。先生が着目し、授業にて取り上げてくださったいくつかの論文は、私の研究の方向性を定めるにあたって決定的に重要なものとなった。谷澤先生には、学術研究にあたって取るべき方法や態度について、基礎的な部分から鍛えていただいた。研究の早い段階で先生からこうした指導を受けていなかったならば、私には、学術論文の執筆やそのための先行研究の収集や読解もままならなかったであろう。

学部時代の指導教員であった外池力先生にも御礼を申し上げたい。実証的な政治学の問いから離れ、規範的な問いに引き寄せられていく私に対して、先生は実に寛容に接し続けてくださった。また先生は、大学院に進むにはあまりにも不勉強であった私につきあい、英語文章講読の機会を設け、一対一でくりかえし指導してくださった。私が研究生活を始めることができたのも、ひとえに先生の熱心なご指導のおかげであったと思う。

早稲田大学政治経済学術院の先生方、特に、故飯島昇藏先生、佐藤正志先生、川岸令和先生、河野勝先生からは、正規の授業をはじめ、個人的ないし合同指導を通じて多くの指導を賜った。様々な専門の先生方の様々な視点に接することができたことは、大変貴重な学びの機会であった。あらためて感謝を申し上げたい。

研究を進めるにあたっては、大学内のみならず学外の先生からも多くのご助力をいただいた。とりわけ、小田川大典先生、五野井郁夫先生、高橋良輔先生、宇野重規先生、井上彰先生、山崎望先生は、若輩の身である私に本書につながる研究成果の発表機会を与えてくださり、それに即したアドバイスもしてくださった。また、伊藤恭彦先生、宇佐美誠先生、松元雅和先生、山岡龍一先生からも、各研究会をはじめ様々な機会で貴重なアドバイスをいただいた。皆様に御礼を申し上げたい。

大学院の研究生活において、多くの先輩、後輩、そして同期から貴重なアドバイスをいただき、本書に結びつく有益な議論を頻繁に交わすことができた。中でも、金慧、斉藤尚、田中将人、田畑真一、千野貴裕の各氏からは実に多くを学ばせていただいた。あらためて「ありがとう」。大学院に入った当時、彼らと自分との学識の格差（もちろん私が下である）に受けた衝撃は、生涯忘れることがないと思う。研究を共にする多くの優秀な仲間による知的刺激があったからこそ、私もまた、「少しでも面白い研究を」という意識で今までやってこられたのだと感じている。今後とも日本において、こうした政治思想の研究環境が残り続けてくれればと、切に望んでいる。

本書の出版にあたっては、風行社の犬塚満さんに大変お世話になった。犬塚さんの丁寧で迅速なお仕事とアドバイスのおかげで、極めてスムーズに執筆を進めることができた。あらためて感謝を申し上げる。

もちろん、多くの方々のご助力によって本書が完成したのだとしても、その瑕疵の責任は私にある。本書への批判も含め、日本のグローバルな正義論の研究がより活発になっていってくれれば、それは望外の喜びである。

最後に、私の生活を、長い目できわめて長期間にわたって支援し続けてくれた両親——良治と真知子——への感謝を記して、本書を閉じたい。普段は口に出さないけれども「本当にありがとうございます」。

二〇一七年一〇月

上原　賢司

《ま行》

《や行》

《ら行》

索　引

◆索引◆

《あ行》

《か行》

【著者略歴】
上原賢司（うえはら　けんじ）

1980年生まれ。

明治大学政治経済学部政治学科卒業。早稲田大学大学院政治学研究科博士後期課程単位取得退学。博士（政治学）。現在、横浜国立大学、立正大学にて非常勤講師。

著作に、「無関係な人びとの間の平等主義的正義は何を意味するのか――グローバルな運の平等主義の批判的検討」『政治思想研究』（第17号、2017年）、『逆光の政治哲学』（共著、法律文化社、2016年）ほか。

グローバルな正義――国境を越えた分配的正義

2017年12月20日　初版第1刷発行

著　者　上　原　賢　司
発行者　犬　塚　　　満
発行所　株式会社 風　行　社
〒101-0052 東京都千代田区神田小川町3−26−20
Tel. & Fax. 03-6672-4001
振替 00190-1-537252
印刷・製本　モリモト印刷株式会社
装　丁　安藤剛史

ISBN978-4-86258-116-7